*Ihr seid immer mit dem Licht und der Liebe
des Universums verbunden.*

Sanat Kumara

Inhalt

Vorwort von Karin und Gerold

Es ist eine so spannende Zeit. Vor sechs Jahren hätten wir uns nicht vorstellen können, dass wir zusammen mit der Geistigen Welt Bücher schreiben und in die Welt bringen würden. Das macht uns glücklich – sehr glücklich –, ein sicheres Zeichen dafür, dass wir unseren Seelenplan leben. Durch die Ausrichtung auf dieses Potenzial haben sich auch die Kraft und die Fähigkeit dazu in uns entwickelt.

Das geschieht jetzt sehr vielen Menschen, gerade auch den Lichtarbeitern, die den Seelenplan haben, aktiv am Aufstieg mitzuwirken. Teilweise sind wir Menschen aber noch verstrickt in unseren Mustern, Verletzungen und vermeintlichen Wahrheiten. Oder, um mit Sanat Kumaras Worten zu sprechen: „Der Kanal ist leicht verschmutzt, da ihr euch in den letzten Jahrhunderten beim Spiel in der Materie ein wenig mit Dreck beworfen habt." Die Lenker der göttlichen Strahlen können, wenn wir es wollen, auf unser Energiefeld einwirken, um es zu reinigen. Alle sieben Strahlen wirken mit ihrer speziellen Energie auf die sieben Chakren.

Es kann sein, dass du in der Zeit, in der du dieses Buch liest, nachts träumst und in der Geistigen Welt auf Reisen gehst und dann mit dem Thema konfrontiert wirst, das dir besonders am Herzen liegt. Dies kann auch am Tag geschehen, du erkennst es auf einmal oder siehst es in den Wolken oder Bäumen. Es kann vollkommen unterschiedlich sein, aber wenn es geschieht, erlebst du es auf deine ganz eigene Art und Weise. Lass dich überraschen.

Die Energie in den Botschaften ist sehr kraftvoll, sodass ich (Karin) selbst bei der Überarbeitung und Zusammenstellung immer wieder eine Pause benötigte, weil es in bestimmten Chakren (meine Baustellen) stark arbeitete.

Als kleines Hilfsmittel für den Verstand haben wir eine Tabelle zusammengestellt, in der die Zuordnung der göttlichen Strahlen zu unseren Chakren ersichtlich ist.

Die Energien der oberen und unteren Chakren werden durch das Herzchakra zu einem gemeinsamen Energiefeld gebündelt, das Himmel und Erde in uns verbindet. Die Botschaften sind aus zwei sehr intensiven Channeltraining-Seminaren mit unterschiedlichen Menschengruppen entstanden. So ist das Potenzial sehr groß, dass auch du, liebe Leserin, lieber Leser, berührt wirst und dich in deinen Prozessen und Entwicklungen liebevoll unterstützt fühlst.

Die menschlichen Energiezentren und ihre Zuordnung zu den göttlichen Strahlen

	Chakra	Farbe	Tendenz	Bedeutung	Neigungen	Strahl	Aspekte	Farbe	Meister
7	Scheitelchakra	Weiß	Ekstase	Öffnung zur göttlichen Quelle, Befreiung, Weisheit, Erleuchtung	Erfahrung in der Einheit	2	Weisheit, Erleuchtung	Goldgelb	Konfuzius
6	Stirnchakra	Violett	Spiritualität	Intuition, sechster Sinn, erweiterte Wahrheiten	Innerer Frieden, innere Liebe, Heil, Ganzsein	5	Heilung, Wahrheit, innere Ausrichtung, Gleichmut, Konzentration	Grün	Hilarion
5	Halschakra	Blau	Intellektualität	Reinigung des Verstandes, Ausdruck der eigenen Persönlichkeit	wissen, Selbstkontrolle, Süchte, Wahrhaftigkeit, Vergebung, Stolz, Eitelkeit, Glück	1	Mut, Kraft, Schutz,	Blau	El Morya
1	Wurzelchakra	Rot	Instinkt	Sicherheit, Geborgenheit, materielle Klarheit	Besitz, Gier, Eitelkeit	4	Reinheit, Klarheit, innere Disziplin	Weiß	Serapis Bey
2	Beziehungchakra	Orange	Sexualität	Beziehungen aller Art, persönlich, beruflich, sexuell	Zweifel, Täuschung, Ungehorsam, Verstrickungen	7	Transformation, Veränderung, Vergebung, Hingabe	Violett	Saint Germain
3	Solarplexus	Gelb	Aktivität	Macht, Stärke, Ohnmacht, Schwäche	Hass, Furcht, Sorgen, Vitalität	6	Harmonie, Frieden, Heilung, Dienen	Rubinrot	Lady Nada
4	Herzchakra	Grün	Emotionalität	Emotionale Entwicklung, Verbindung der Chakren, Erschaffung eines verbundenen Chakrenfeldes	Wünsche, Streben, Ego, Gier, Streitlust, Trauer, Scheinheiligkeit, Arroganz, Reue	3	Göttliche Liebe, Freiheit, Toleranz,	Rosarot	Lady Rowena Lady Venus

Vorwort von Saint Germain

ICH BIN, der ICH BIN. ICH BIN Saint Germain

Die Channeling-Serie der göttlichen Strahlen, die wir mit diesem Kanal begonnen haben, soll dazu führen, dass ihr in all euren Energiezentren in eine größere Balance kommt als je zuvor. Die Botschaften können für viele eine Initiation sein, um mit einem offeneren Bewusstsein weiterzugehen und eine größere Klarheit in allen Chakren zu erreichen. Es gibt so viele innere Anteile in euch, die ihr noch nicht ganz integriert habt, wo noch „Baustellen" im Körper und in euren Energiezentren sind, wo ihr die Liebe, die einmal das ganze Feld eures Seins durchstrahlen wird, noch nicht ganz zulassen könnt.

Es gibt Bereiche, die noch vom Verstand und von eurem Unterbewusstsein beherrscht werden. Diese Beherrschung eurer Energiezentren durch Ängste, Zweifel, Zurückhaltung, fehlende Selbstliebe und mangelnden Ausdruck eurer Authentizität führt dazu, dass eure Zurückhaltung immer wieder durchbricht, wenn es darum geht, die eigene Wahrheit zu sagen. Es ist bei vielen auch immer noch die Angst vorhanden, auf diesem Planeten nicht ganz sicher zu sein.

Auch in vielen eurer Beziehungen sind die eigenen Gedanken, Vorstellungen, Muster und Emotionen mit der eigenen Lebenswirklichkeit noch nicht in Harmonie. Diese

Bereiche brauchen eine Balance oder ein inneres Gleichgewicht, damit sich das Energiefeld über das Herz so organisieren kann, dass ihr ein einziges fließendes Energiefeld zwischen Himmel und Erde seid. Wenn das erreicht ist, werden kein Zweifel und keine Ängstlichkeit mehr vorhanden sein. Dann werdet ihr alle eure Beziehungen verstehen, auch die, die euch heute noch sehr schmerzhaft vorkommen. Durch diese Heilung wird ein Mitgefühl zu allen Menschen wachsen, das eine Herzöffnung bewirkt, die auf alle eure Körperfelder durchschlägt.

Ihr selbst seid es, die den Anstoß dazu geben, weil ihr fühlt, wo noch Ängstlichkeit in euch ist, wo noch der Zweifel nagt, wo eine Beziehung noch nicht stimmig ist. Ihr werdet von eurer Seele immer wieder darauf hingewiesen, bis alle Bereiche in euch vollkommen geklärt und gereinigt sind.

Wir sind da und geben mit unseren Botschaften Hilfestellung. Wir haben diese Klärungen schon vor langer Zeit selbst erlebt und uns vorgenommen, auf einem göttlichen Strahl zu dienen, um Klärung, Heilung und Kraft in die Energiefelder zu bringen, die sie benötigen. Wir sind gerne bei euch – wie ältere Brüder und Schwestern mit einer erweiterten Sichtweise.

Stellt uns nicht auf ein Podest, sondern ruft uns, wenn ihr in eurem Leben Fragen habt. Lasst euch unterstützen und glaubt nicht, immer alles alleine erledigen zu müssen.

Es gibt kein Alleinsein, es gibt nur ein ALL-EINS-Sein. An dieses ALL-EINS-Sein werdet ihr immer stärker angebunden sein, je mehr ihr euch dafür öffnet. Dann ist es auch kein Problem mehr, einen Erzengel oder einen Aufgestiegenen Meister zu rufen. Es ist dann kein Thema mehr, sich mit uns zu unterhalten und Fragen zu stellen, oder einfach nur die Verbindung zu fühlen. Wir sind immer da. Mit uns und unseren Energiefeldern gibt es so viele Verbindungsmöglichkeiten, dass wir gleichzeitig bei allen Menschen sein können. Es gibt nichts, was nicht möglich wäre.

ICH BIN, der ICH BIN.
ICH BIN Saint Germain

Sanat Kumara:
Ihr reinigt euch selbst für die Anbindung an uns

ICH BIN Sanat Kumara.

Ich grüße euch mit dem Licht und der Liebe, die aus der Schöpfung unaufhörlich fließen. ICH BIN jetzt hier in diesem Raum und lasse meine Energie zu euch strömen.

Ihr seid auf dieser Erde angekommen, um einen Aufstieg in die nächste Dimension vorzubereiten, mitzugestalten und auf eine Art und Weise zu erleben, die ihr so noch niemals erlebt habt. Und es gibt viele Vorbereitungen, die noch zu treffen sind. Es gibt viele Anlässe, die euch in der nächsten Zeit immer wieder berühren, die euch zu neuen Aktionen und Erkenntnissen in euch und zu neuen Veränderungen in allen euren Energiesystemen anregen werden. Ihr werdet es spüren, wenn wieder eine Welle kommt, die euch noch einmal berührt, damit sich etwas in euch zeigt, das jetzt verändert werden möchte.

Als Hüter und Logos der Erde halte ich alle Energien, die dafür nötig sind, damit ihr dies in völliger Freiheit tun könnt, so, wie es abgesprochen war. Ihr könnt euch heute entscheiden, all die Dinge, die jetzt anstehen, noch etwas zurückzustellen und euch ihnen zu einem anderen Zeitpunkt zuzuwenden. Immer dann, wenn euer Verstand es so entscheidet, dass es nicht mit dem Herzensweg, den ihr gehen wollt, mit dem Weg der Seele übereinstimmt, werdet ihr erst sanft und dann sehr bestimmt wieder auf den Weg zurückgedrängt, der gegangen werden sollte.

In dieser Zeit geschehen die Dinge viel schneller als früher. Ihr werdet das Gefühl bekommen, dass die Zeit tatsächlich rast. Zeit, denkt ihr, ist doch klar definiert: eine Minute, eine Stunde, ein Tag, ein Monat, ein Jahr. Wenn sich aber ein Jahr anfühlt wie ein Monat, ein Monat wie eine Woche und eine Woche wie ein Tag, dann habt ihr das Gefühl, es geht alles viel schneller, es rast dahin. Und wenn die Tage sich anfühlen, als ob gerade einige Stunden vergangen wären, und schon geht die Sonne wieder unter, dann habt ihr das Gefühl, kaum etwas geschafft zu haben. Die derzeitigen Entwicklungen sind so ähnlich. Sie sind so, dass das Gefühl entstehen kann: Es ist doch kaum Zeit vergangen, und doch ist schon so viel geschehen. Es ist viel mehr geschehen, als nach eurem Gefühl eigentlich in diese Zeit hineingepasst hätte, und dadurch habt ihr das Gefühl, die Zeit würde rasen, gerade in den persönlichen Entwicklungen, bei dem, was jetzt ansteht und sich in euren Energiefeldern klären will.

Wir kommen nun zur Klärung der inneren Prozesse, der Klärung auf den Ebenen eurer Energiefelder und zu dem, was ihr Schuld und Karma nennt, Begriffe, die heute nicht mehr so passend sind wie früher. Ihr lebt jetzt in einer Zeit, in der der Aufstieg in die Fünfte Dimension nicht mehr weit entfernt ist. Und es ist nicht mehr so, dass wir unendlich groß und heilig über euch stehen und ihr alles

– demütig wie kleine Kinder – annehmen müsst, was wir sagen. Wir verstehen uns als diejenigen, die Erfahrungen gemacht haben, die euch noch bevorstehen, und wir reichen euch wie große Brüder und Schwestern die Hand, damit ihr leichter durch eure Erfahrungen gehen könnt.

Das ist es, was wir bei euch erreichen möchten: dass ihr in ein Selbstbewusstsein hineinkommt, nicht mehr unterwürfig vor uns zu knien, sondern die Erfahrungen anzunehmen, die wir euch anbieten, und euer Bewusstsein dahingehend zu verändern, dass ihr genau wie wir göttlichen Ursprungs seid. Dass ihr, auch wenn ihr in eurem menschlichen Körper nicht immer alles richtig macht und Dinge tut, die zum Teil sehr schmerzhaft sind, trotzdem göttlich seid und mit uns auf einer Ebene steht, gleichgültig, ob ihr das schon fühlt oder noch nicht.

Es ist auch ein Unterschied der Zeitqualität. Vor fünfzig, sechzig oder hundert Jahren waren die Hierarchien noch viel stärker ausgeprägt. Und gerade die Hierarchien auf der Erde waren so, dass immer Menschen die deutlich größere Macht hatten und sie auch entsprechend ausübten, andere wiederum mussten ertragen, was hier geschah –, und der Unterschied in der Hierarchie war zum Teil immens. Heute gleicht es sich immer mehr vom inneren Wissen, vom inneren Sein an: Alle Menschen, gleichgültig, welche Aufgabe sie auf der Erde ausüben, sei es Generaldirektor einer Firma oder Fahrer eines Müllautos, stehen auf einer Ebene und sind gleichwertig.

Genauso gleichwertig seid ihr mit uns. Und alles, was in diesem Leben noch im Körper erfahren werden will, sind die Auswirkungen, die ihr in eurem Energiesystem spürt und die sich aus dem Leben selbst entwickelt haben. Ihr habt keine Schuld auf euch geladen und Karma angehäuft, sondern Erfahrungen gemacht, die sich in euren Zellen niedergeschlagen und in eurem Astralkörper gesammelt haben und die ihr noch mit euch herumtragt. Erfahrungen, die zum Teil noch sehr schmerzhaft wirken, die ihr in eurem Inneren als Hemmnisse und Blockaden spürt, wodurch ihr bei bestimmten Dingen in eurem Leben nicht weiterkommt. Es sind Blockaden, die sich manchmal bis hinein in den Körper manifestiert haben.

Es geht nicht darum, irgendein imaginäres Karma abzuarbeiten, eine Schuld aus früheren Leben zu tilgen, sondern die Erfahrung, die aus den Handlungen der damaligen Zeit noch in euch festsitzt, so zu lösen, dass sie euch nicht mehr behindert und ihr frohen Herzens und mit einem Gefühl der Freiheit in die Neue Zeit geht und in die Fünfte Dimension aufsteigen könnt. Es geht nur dann, wenn alles angeschaut und nichts mehr an inneren Hemmnissen vorhanden ist. Wenn die Energiefelder befreit sind und kein einziges mehr blockiert ist, geschieht der Aufstieg wie von selbst, und alle Körper sind vollkommen heil. Dann gibt es nichts mehr, was geheilt werden müsste oder euch krank macht. Dann ist alles in Balance.

Menschen, die in den alten Denkmustern verhaftet

sind, dass Karma und Erlösung nur geschehen, wenn man sich unterwürfig, demütig und voller Schuldbekenntnis einer höheren Macht unterwirft, bleiben dadurch in diesem System ein Stück gefangen. Es gehört mit zu der Entwicklung in die Neue Zeit hinein, alte Denkmuster und Überlegungen, die früher durchaus ihre Berechtigung hatten, mit aufzulösen, damit Freiheit in jedem Einzelnen tatsächlich Einzug halten kann, Freiheit, die nicht durch andere Wesen eingeschränkt und eingeengt wird, sondern die wirklich frei ist, wie es immer von Saint Germain gesagt wird, die tatsächlich in völliger Freiheit des Einzelnen mündet und in der jeder freiwillig den Dienst mit sich und seinem Energiesystem verrichtet.

Es ist ein Dienst, der in absoluter Demut vor der unendlich großen göttlichen Kraft verrichtet werden kann, aber nicht in Unterwürfigkeit, sondern in Anerkenntnis der unendlichen Macht der göttlichen Schöpfung, damit ihr erkennen könnt, dass es Kräfte gibt, die so groß sind, dass ihr sie nicht ermessen könnt, aber sie dennoch als eine Kraft annehmt, die euch lenkt, leitet, schützt und hilft. Die Demut wächst aus euch heraus, wenn ihr das Licht, die Liebe und die unendliche Größe seht, fühlt und spürt. Ihr seid dann in eurem Herzen tatsächlich die göttliche Flamme, die daran teilhat und sich als das begreift, was sie jetzt ist. Aber ihr seid gleich. Ihr seid die gleiche Flamme, das gleiche Licht, die gleiche Liebe – ihr seid nur in diesem euren Körper und habt deshalb nicht das Bewusstsein dieser unendlich großen Kraft.

Ihr habt euer Bewusstsein und euer gesamtes System mit allen Erfahrungen, die ihr gemacht habt, belastet. Es ist, als ob ihr rucksackweise schwere Steine mit euch herumschleppt, und manche spüren das in ihrem Rücken sehr deutlich. Je mehr ihr von diesem Ballast abwerft und euch von dem befreit, was euch bedrängt und in euch selbst gefangen hält, desto freier und offener könnt ihr in die nächste Dimension gehen.

Ihr seid dabei, wenn es in die Zukunft geht, und ihr seid in jedem Moment des Tages damit beschäftigt, die Muster in euch anzuschauen und zu lösen. Jeder Tag bringt neue Einstrahlungen von der Zentralsonne auf das Magnetfeld der Erde und beginnt, euch in eurem Magnetfeld zu verändern, eure DNA zu verändern, um hier tatsächlich mehr und mehr höheres Bewusstsein zuzulassen.

Mitten in diesem Prozess erkennt ihr plötzlich, dass in der Beziehung zu eurem Freund oder eurer Freundin, zu eurem Partner oder eurer Partnerin etwas nicht stimmt. Ihr fühlt in eurem Beziehungschakra ein Ungleichgewicht, etwas, das nicht stimmig ist. Und ihr werdet erst dann mit euren eigenen Prozessen weiterkommen, wenn ihr dieses Gefühl genau angeschaut, diesen Prozess, der dahinter steht, genau betrachtet und analysiert und mit eurem Partner oder eurer Partnerin so lange darüber gesprochen habt, bis es sich auflösen kann. Erst wenn diese Beziehung wieder im Gleichgewicht ist, könnt ihr weitergehen. Und es sind nicht nur partnerschaftliche Beziehungen, die hier gelöst werden wollen, sondern auch Beziehungen im Arbeitsleben, in der Nachbarschaft und im Freundeskreis. Alle diese Ebenen sind in diesem Energiefeld und wollen sich hier zeigen.

Dadurch habt ihr die Möglichkeit, Schritt für Schritt weiterzugehen und nach und nach alles aufzulösen. Es sind Erfahrungen, die dahinter stecken, die euch weiterbringen und euch zeigen, wo die nächsten Schritte sind. Es ist keine Schuld, nichts, was euch jemand anderer vergeben könnte, sondern ihr müsst es anschauen und euch vergeben, dass ihr einmal so wart, wie ihr nun mal wart, dass ihr getan habt, was ihr getan habt, und erkennen, dass ihr heute anders handeln würdet. Das heißt nicht, dass ihr zu einem früheren Zeitpunkt falsch gehandelt hättet, sondern dass euer Bewusstsein heute weiterentwickelt ist. So, wie ihr von einem dreijährigen Kind nicht erwartet, dass es ein Bewusstsein wie ein zehnjähriges Kind hat, habt ihr mit einer Seele, die schon Hunderte von Erdenleben hinter sich hat, mehr Erfahrung als eine Seele, die vielleicht gerade ihr zehntes Erdenleben lebt. All das gehört zur Entwicklung.

In der Dualität, in dieser irdischen Realität, die ihr gewählt habt, gibt es keine Möglichkeit, ohne sogenannte Schuld durch dieses Leben zu gehen. Es gibt sie nicht. Immer wenn ihr hier handelt, ist irgendetwas geschädigt. Wenn ihr ein Haus baut, müsst ihr die Wiese und die Bäume, die vorher dort waren, vernichten. Wenn ihr aus dem

Haus herausgeht, zertretet ihr unendlich viele Kleinstlebewesen mit euren Füßen. Jeder von euch lädt täglich – nach dem alten Glaubensmuster – neue Schuld und neues Karma auf sich. Ihr könnt gar nicht anders, weil das Leben auf dieser Erde so ist. Deshalb ist dieses Gedankenmuster, das hinter dem Karma steht, in dieser Zeit überholt. Die Erfahrungsebene könnt ihr verändern, das heißt, euch in eurem Herzen alle Erfahrungen, die ihr macht, vergeben.

Wenn ihr darüber hinauswachst, Schuld für euch zu empfinden, wachst ihr auch darüber hinaus, andere zu ver- und beurteilen. Das ist die Neue Zeit: Alle Erfahrungen dürfen gemacht werden, und die Beurteilungen und Verurteilungen der Menschen untereinander finden ein Ende, sodass die Liebe zu jedem frei fließen kann, eine Liebe, die offenen Herzens ist und nichts ausgrenzt, die jeden Menschen so annimmt, wie er ist, und keine Schuld verteilt. Aus unserer Sicht seid ihr reine Engel, die sich vielleicht etwas mit Schmutz beworfen haben und ein Bad nehmen sollten, bevor sie zurückkommen.

Das ist unsere Sicht der Dinge. Ihr könnt entscheiden, ob ihr diese annehmen oder in den alten Glaubensmustern verharren wollt, die euch so schön kleinhalten, euch alle Verantwortung für euch selbst abnehmen und euch am Ende vielleicht sogar reinwaschen, je nachdem, wie ihr glaubt und fühlt. Im Endeffekt müsst ihr euch selbst waschen, euch selbst reinigen. Es geht darum, jedes einzelne Energiefeld und Muster in euren Zellen, das noch vorhanden ist, tatsächlich vom alten Ballast zu befreien, von dem Schmutz der Erfahrung, die noch in euch ist, die dunklen Stellen zu sehen, zu fühlen und so lange zu waschen, bis sie rein und sauber sind, bis ihr euch so fühlt, dass ihr tatsächlich aufsteigt.

In dem Moment, in dem das geschehen ist, ist euer gesamtes Energiefeld – vom Wurzelchakra bis zum Kronenchakra – frei, dann ist es ein einziges Energiefeld, das vom Herzzentrum gesteuert wird. Ein Energiefeld, das keine Unterscheidungen mehr kennt, das frei und durchgängig fließt, euch zu den unendlichen Himmeln öffnet und euch die Möglichkeit gibt, selbst alles wahrzunehmen, was ihr heute durch diesen Kanal hier hört. Ihr werdet solche Menschen nicht mehr brauchen, sie werden arbeitslos, denn ihr werdet es selbst spüren und fühlen, und ihr werdet gleichzeitig nach unten zur Erde hin eine Verbindung spüren, die euch mit diesem Planeten so sehr verbindet und verwurzelt, dass ihr tatsächlich Transformatoren zwischen Himmel und Erde seid und die Liebe und die göttliche Kraft des Himmels und die Vitalität und Stärke der Erde nutzt, um hier das Paradies zu schaffen. Ihr seid dabei.

Ihr seid mittendrin in dem Prozess, in dem sich dieses Paradies mehr und mehr entwickelt. Ihr werdet dieses Leben mit vielen Tieren zusammen neu gestalten, und ihr werdet mit den Bäumen, Pflanzen und Sträuchern, mit allem, was um euch ist, eine neue Art der Kommunikation haben – offener, herzlicher, zugewandter, die euch von

Herzen erfreut und durch die ihr in diesem Bewusstsein des All-Eins-Seins ankommt. Wenn ihr euch zum Beispiel mit einem Baum verbindet, werdet ihr sein Leben spüren, ihr wisst, wie er als kleiner Baum war und wie er sich als großer Baum fühlt.

Jeder von euch wird zu bestimmten Bereichen eine Affinität entwickeln – manche mehr zu den Pflanzen, andere mehr zu den Tieren, wieder andere werden sich auf der menschlichen Ebene untereinander gegenseitig unterstützen, helfen und heilen. Ihr werdet euer Gesundheitswesen, das heute mehr ein Krankheitswesen ist, umbauen, und es zu einem wirklichen Gesundheitsbereich machen. Ihr werdet zwar nicht, wie in den alten Zeiten, Gesundheitstempel aufbauen, aber sie werden ähnlich sein. Schon im Vorfeld werdet ihr euch, wenn ihr euch nicht gut fühlt, zu Menschen begeben, die euch mit ihren Energien helfen und euch Orte zeigen können, an denen Heilung geschieht, bevor Krankheit sich körperlich manifestieren kann.

Das alles wird in der Zukunft geschehen, und ihr werdet die Zeit dafür haben und nutzen, weil euch bewusst ist, dass dieser Körper tatsächlich der Tempel eures Geistes und eures Bewusstseins ist, ein göttliches Gefäß, mit dem ihr durch dieses Leben geht und das geehrt und geliebt werden möchte, genauso, wie ihr heute zum Teil eure Kraftfahrzeuge ehrt und liebt, mit denen ihr durch die Gegend fahrt. Manch einer ehrt diese Bereiche mehr als seinen eigenen Körper. Dieses Bewusstsein wird sich vollkommen verändern, und das, was wirklich wichtig ist, wird sich durchsetzen. Das Bewusstsein der Menschen ist auf einem guten Weg, auch wenn ihr es manchmal aus eurer Perspektive noch nicht so seht. Doch aus unserer Perspektive tut sich im Bewusstsein der Menschen unendlich viel.

Ich wünsche euch auf diesem Weg, dass sich die Kraft eures Herzens immer mehr stärkt und ihr euch, wenn ihr das Gefühl habt, Hilfe zu brauchen, an Menschen wendet, von denen ihr glaubt, dass sie euch helfen können. Wenn ihr Vertrauen in uns und unsere Hilfe habt, ruft uns an. Wir sind keine Instanz, die unendlich weit entfernt ist, sondern immer mitten unter euch. Wir sind hier mit euch und möchten euch dabei unterstützen, diesen Aufstieg leichter zu bewerkstelligen, leichter hindurchzugehen, die einzelnen Erfahrungshindernisse einfacher aufzulösen, die noch in euch sind. Lasst dies alles mit unserer Hilfe geschehen und schaut euch an, wo es bei euch noch hakt und bremst.

Jedes Mal, wenn ihr eine Bremse gelöst habt, geht es wieder ein bisschen schneller voran, und das nächste Hindernis wird eher erreicht. Manch einer wird dann sagen: „Lass die Bremse lieber an, damit es nicht so schnell geht, damit es nicht so viele schmerzhafte Erfahrungen sind." Manchmal ist es für euch wirklich schmerzhaft, anzuschauen, was in euch ist. Und manchmal habt ihr das Gefühl: „Ja, jetzt gehöre ich wirklich zu den Wesen, die

immer so beschrieben werden, dass sie ständig nur jubilieren und Hosianna singen. ICH BIN solch ein Mensch,
und fühle mich auch so."

Solche Momente wünsche ich euch immer mehr − in
eurem Herzen und eurem Körper. Liebt diesen Körper,
der wirklich ein Gefäß Gottes auf Erden ist, und liebt die
Körper aller anderen Wesen, die mit euch sind. Liebt die
Pflanzen, die Tiere und alles, was mit euch diesen wunderschönen Planeten belebt. Diese Liebe ist wie ein Virus,
der ansteckend wirkt und überall hin verbreitet werden
sollte, so weit es nur irgendwie geht. Und jeder, der an-
gesteckt ist, darf diesen Virus gerne weitertragen, damit
er überall, in jedem Winkel dieser Welt, ankommt und alle
Wesen infiziert, die sind.

Mit dieser Energie bin ich jetzt hier bei euch.

ICH BIN Sanat Kumara.

Sanat Kumara stellt die Meister der göttlichen Strahlen vor

ICH BIN Sanat Kumara.

Ich grüße euch auf das Allerherzlichste mit der unendlichen Liebe, die immer fließt, die immer ist und niemals endet. Diese Liebe ist bei, um und in euch. Die göttliche Liebe hört niemals auf, sie ist der Urgrund allen Seins, jeder Existenz. Und die Liebe lässt sich von jedem Wesen, das ist, immer wieder neu entdecken. Selbst wenn ihr manchmal das Gefühl habt, weit davon entfernt zu sein, euch abgetrennt, einsam und verlassen fühlt, ist sie trotzdem immer da. Niemals seid ihr ohne die Liebe.

Als unendlich große, allwissende Geistwesen, als Engel, die ihr einmal wart und immer noch seid, habt ihr auf dem Weg in diesen Körper viele Erinnerungen zurückgelassen. Viele Weisheiten, die selbstverständlich waren, sind auf dem Weg zurückgeblieben, weil sie es nicht geschafft haben, sich bis in die Materie hinein zu halten. Wissen, das in dieser dreidimensionalen Welt erforderlich und wichtig ist, konnte mitgenommen werden. Aber die Ebenen der Fünften, Siebten, Neunten, Zehnten und Zwölften Dimension sind nicht kompatibel mit dem Leben als Mensch auf dieser Erde. Sie passen nicht hierher. Ihr wärt dann in einem Zustand, in dem ihr nicht in dieser Welt sein könntet, sondern ständig andere Dinge erleben würdet als die, die hier erfahren werden wollen.

Deshalb ist es so eingerichtet, dass auf dem Weg hinab in die Materie ein Anteil nach dem anderen zurückgelassen und sozusagen auf den höheren Ebenen geparkt wird, damit ihr ihn auf eurem Rückweg aus den tiefsten Tiefen heraus – wenn ihr euch wieder in die höheren Ebenen hinein entwickelt – wieder mitnehmen könnt, mit allen Erfahrungen, die ihr jetzt hier sammelt. Dieses Sammeln von Erfahrungen geschieht in euren Energiefeldern, die euch durchdringen, und in den Zellen, die im Moment um euch sind. Ihr erlebt es in eurem Körper, euren Gefühlen und eurem Denken, wie diese Welt ist, welche Erfahrungen sie euch bietet, welche Wünsche und Hoffnungen sie in euch weckt und wodurch ihr in die Kommunikation mit anderen kommt, die mit euch diesen Weg gehen.

Auf dem Weg durch die vielen Tausende Jahre der unterschiedlichsten Inkarnationen habt ihr alles erlebt, was zu erleben ist, und alles in euch gespeichert, was ihr erfahren und erlebt habt. Diese Informationen nehmt ihr in euren Energiekörpern mit in jedes neue Leben – und in der nächsten Zeit auch mit in die höheren Dimensionen, zu denen ihr unterwegs seid. Dazu braucht es eine Balance aller Energiesysteme, die in euch sind, sowie ein harmonisches Miteinander all dessen, was ihr jetzt seid. Ihr werdet in diesem oder im nächsten Leben – vielleicht auch im übernächsten – eine Lebensstufe erreicht haben, in der wirklicher Frieden in euch herrscht, und über diesen inneren Frieden geht das Bewusstsein auf und öffnet sich für die nächste Dimension.

Der Aufstieg ist kein aktives Tun, nichts, was ihr mit dem Verstand oder dem Körper aktiv hervorrufen könnt, sondern ein Bewusstseinsgeschehen, das durch die Balance eures gesamten Seins entsteht. Die Balance all eurer Anteile, die ihr jetzt in euch tragt, ist die Grundlage für den Aufstieg in die nächsten Dimensionen. Die Erde, die Welt, wie sie jetzt ist, euer Körper, wie er jetzt existiert, eure Seele, wie sie fühlt, eure Gefühlswelten, wie sie jetzt sind, all das will in Harmonie und Frieden gebracht werden, in dem ihr euch tatsächlich wohlfühlt, glücklich seid, Zufriedenheit habt und dadurch eine Bewusstseinserweiterung erlebt, die euch eine größere und weitere Welt zeigt, in der ihr weiterlebt und euren Aufstieg immer weiter bis zur göttlichen Quelle geht.

Alle Energiezentren in euch, die Hauptenergiezentren, die ihr aus vielen Traditionen kennt, vom Wurzelchakra bis zum Kronenchakra, brauchen diesen harmonischen Ausgleich, diese Balance, weil ihr in ihnen die Dualität fühlt. Sie sind das energetische Zentrum für das duale Geschehen in euch, für die dreidimensionale materielle Welt, in der ihr seid, für die Welt der Gegensätze, in der ihr im Moment lebt. Und diese Gegensätze wollen zusammengeführt werden, sodass sie sich ausgleichen und in jedem Zentrum in Harmonie sind, um dadurch eine Öffnung und ein Zusammenführen aller Energiezentren, die in euch sind, zu einem einzigen großen Energiefeld zu ermöglichen. Dieses Energiefeld, das alle Ebenen beinhaltet und über die Herzensebene, das Chakra der Liebe, gesteuert wird, ermöglicht euch den Aufstieg in die höheren Dimensionen.

Jeder von euch weiß, wo seine Fähigkeiten, ganz und gar in Balance zu sein, noch nicht hundertprozentig ausgeprägt sind. Mancher fühlt gerade in diesen Zeiten materielle Unsicherheiten, Lebensängste und Bedrohungen in der Existenz durch Arbeitslosigkeit und das Gefühl, weniger zur Verfügung zu haben, um sein Leben zu gestalten. All diese Unsicherheiten und Unklarheiten eurer persönlichen Sicherheit sind im unteren Chakra, dem Wurzelchakra, so angelegt, dass hier ein Ausgleich geschaffen werden muss, damit Sicherheit in all euren Gefühlen vorhanden ist und ihr euch auf dieser Erde und in diesem Körper sicher und klar fühlt.

Diese Klarheit und Sicherheit sind ein Bereich, der aus der Geistigen Welt gesteuert und mit in die Veränderung gebracht werden kann. Serapis Bey vom weißen Strahl hilft euch in diesem Feld der Energie, all das in Balance zu bringen – euch sicher zu fühlen – was hier noch fehlt. Auch Ängste vor körperlicher Krankheit und dem Zerfall des Körpers, der materiellen Existenz, gehören dazu. Diese Klarheit, die hier gebraucht wird, diese innere Sicherheit, die hier gefühlt werden muss, damit eine Ausgleichung dieses Energiezentrums geschieht, wird vom weißen Strahl unterstützt, vom göttlichen Strahl, der hell und klar ist und alle Unsicherheiten klärt.

Wenn ihr weiterschaut, kommt ein Chakra, ein Energiefeld, das alle eure Beziehungen steuert, das heißt, es trägt eure Beziehungen zu allen Menschen, Wesen, Gedanken und Ideen auf dieser Welt in sich. Hier seid ihr mit eurer Gefühlswelt, mit euren inneren Beziehungsmustern und dem Verhalten in Partnerschaften, zu den Kindern, den Eltern, Arbeitskollegen und allen anderen Bereichen verbunden. Hier ist das unendlich weite Feld aller Gefühle, aller Erwartungen an andere Menschen, und hier treffen auch die Erwartungen aller anderen Menschen auf euch. Hier seid ihr in der Beziehung zu jedem anderen Wesen. Ihr knüpft eure Verbindungen und stellt ihr eure Forderungen. Hier erfüllt ihr Erwartungen oder auch nicht. Und alles, was euch trifft, fällt in dieses Feld und bekommt dort seine Resonanz. Es ist die Ebene des Wassers, der Gefühle, des inneren unendlichen Reichtums, aber auch der tiefsten Verletzlichkeit in jedem von euch.

Hier hilft euch der violette Strahl der Wandlung, der Freiheit, der Befreiung von alten Beziehungsmustern, Erwartungen, von den Erfahrungen, die euch in eurem Leben immer wieder Kummer und Sorgen machen. Saint Germain ist derjenige, der mit seiner Energie Freiheit in alle Beziehungen bringt und sie so neu ordnen kann, wenn ihr ihn anruft. Er wird dieses Feld in den nächsten Jahrzehnten, beim Übergang in die Neue Zeit, besonders stark mitformen und entwickeln und mit jedem von euch arbeiten – wenn ihr es wollt – und somit eine neue Klarheit in alle eure sozialen Bezüge bringen, in alle Verbindungen und

Möglichkeiten, wie Menschen miteinander umgehen: Von der Liebespartnerschaft bis hin zu den Erziehungsfragen bei euren Kindern und wie ihr in Würde und Gesundheit ins Alter gehen könnt und offen für alles Neue bleibt, was kommen wird.

Eine wunderbare Zeit wartet auf euch, gerade in den Beziehungen mit allen Wesen, die sind. Hier wird auch neu und klar die Beziehung zu den Geistwesen geöffnet: zu den Devas der Natur und zu allen Ebenen des Seins auf dieser Erde. Sie ist erst dann möglich, wenn tatsächlich viel Klarheit in euch herrscht, wenn eure Gefühle euch nicht mehr beherrschen, sondern ihr zu demjenigen und derjenigen geworden seid, der/die mit ihren Gefühlen umgehen kann, sodass ihr diese gut klären und steuern könnt. Dann öffnet sich dieses Feld für weitere Bereiche.

Ein Feld der Macht, der Stärke und der Kraft liegt in eurem Solarplexus. Hier ist die Sonne, das Feuer eures Lebens. Hier herrscht der rote Strahl von Lady Nada. Hier gibt es das Feuer des Lebens und die Kämpfe um Macht, Recht und die Herrschaft über andere. Und hier gibt es das Gefühl der unendlichen Ohnmacht, des Leids, des Zusammenbruchs und des inneren Nicht-mehr-an-dieser-Welt teilhaben-Wollens, der Kraftlosigkeit, der Mutlosigkeit, der inneren Aufgabe. Wenn ihr mit dem roten Strahl arbeitet, könnt ihr darum bitten, hier Stärkung im Feuer des Lebens zu erfahren.

Der rote Strahl gibt euch Kraft und lässt euch euren Mut wiederfinden, er lässt euch im Gefüge eures Lebens den Platz finden, an dem ihr richtig seid und euch wohlfühlt, an dem das richtige Verhältnis von Mut und Demut herrscht: der inneren Annahme all dessen, was ist, und des Muts, das zu sagen und euch so auszudrücken, wie ihr wirklich fühlt und denkt. Dieser Mut wird in jedem, der auf diesem Weg ist, immer stärker werden. Ihr werdet diese Kraft in euch fühlen und das Feuer in euch spüren, das sich ausdrücken möchte, das alte Ebenen verbrennt, die nicht mehr sein sollen, und Platz für das Neue, das sich im Leben eines jeden entwickeln will, entstehen lässt.

Nun kommt das Zentrum eurer Mitte, eures Herzens, in dem so viele Meister und Meisterinnen mit euch arbeiten. Hier ist energetisch ein Mittelpunkt in euch, in dem die Liebe herrscht. Wenn ihr die göttliche Liebe in euer Herz einladet, kommen mit dieser göttlichen Liebe die Energien von Lady Venus, Jesus Sananda, von so vielen Wesen, die euch die Liebe auf dieser Erde schon gezeigt haben. Aus den unendlichen Weiten wirkt die Liebesschwingung am zartesten, und hat doch die stärkste Kraft, die wie ein Hauch kommt, euch anrührt und manchmal euer ganzes Leben ändert. In dem Moment, in dem ihr in diesem Zentrum seid und die göttliche Liebe zulasst, öffnet ihr euch für unendliche Ebenen des Seins und lasst euch – wenn ihr eure Entscheidungen über das Herz kommen lasst – auf eine Ebene ein, die weiter und größer ist, als jede Verstandesebene es sein kann. Das Herz öffnet sich unendlich weit, und alle Wesen, die mit dem rosafarbenen Strahl der Liebe arbeiten, kommen zu euch, sind mit euch und unterstützen euch auf allen Ebenen eures Seins.

Nun geht es darum, was in der nächsten Zeit eines der wichtigsten Schritte für die Menschen sein wird, nämlich eure Überzeugungen, euer Denken und Fühlen nicht mehr zurückzuhalten, anderen einen Gefallen zu tun, sondern euch mit dem auszudrücken, was ihr jetzt im Moment seid und spürt. Es geht darum, euren Ausdruck zu stärken, dass ihr das, was ihr tatsächlich fühlt, aus euch herausquellen lasst, dass die Kraft des blauen Strahls, die Kraft von El Morya, hier wirkt und euch hilft, tatsächlich zu euch zu stehen, zu dem, wer *ihr* seid, was ihr jetzt spürt, was ihr möchtet, was ihr vom Leben erwartet und was ihr verwirklichen wollt.

Wenn jeder von euch täglich einen kleinen Teil davon verwirklicht, habt ihr euch schon verändert. Und ihr verändert mit jedem Satz, den ihr authentisch aus euch herausfließen lasst, die Welt um euch herum, weil jede persönliche Wahrheit, die ihr ausdrückt und in die Welt hineingebt, diese ein Stück mitbeeinflusst und damit authentischer und ehrlicher macht. Es gab und gibt auch heute noch viele Menschen, die sich gerade hier in ihrer eigenen Ausdruckskraft eingeengt, unterdrückt und kleingehalten fühlen. Hier sind die hierarchischen Systeme dieser Welt noch stark in ihrer Wirkung, sodass viele ihrem eigenen Ausdruck nicht trauen und das, was in ihnen ist, nicht herauslassen.

Die Auseinandersetzung und Annahme des eigenen Ausdrucks gehört mit zu den wichtigsten Aufgaben der nächsten Zeit: alles, was ihr herauszulassen möchtet – liebevoll, zuvorkommend, aber auch klar, deutlich und ohne Umschweife. Natürlich ist es dabei wichtig zu schauen, welcher der geeignete Zeitpunkt dafür ist, und im sozialen Kontext des Ganzen auch auf der Beziehungsebene zu schauen, wann es gerade passt.

Hier gibt es eine gute Zusammenarbeit zwischen den Beziehungsebenen und eurem Ausdruck. Diese beiden Ebenen können sich ergänzen, und wenn ihr mit beiden arbeitet, werdet ihr einen Fortschritt in eurem eigenen Leben bemerken, der unendlich viele Veränderungen eures persönlichen Seins mit sich bringt. Immer dann, wenn ihr wirklich authentisch seid, wenn ihr in euren eigenen Gefühlen handelt und agiert, seid ihr ihr selbst und redet nicht mehr anderen nach dem Mund, sondern sagt eure eigenen Worte, eure eigene Meinung, so, wie sie gesagt werden will. Der göttliche Strahl der Kraft und des Mutes von El Morya unterstützt euch dabei, wann immer ihr ihn anruft.

In eurem Chakra, das zwischen dem Dritten Auge und dem Hinterkopf ungefähr in der Mitte sitzt, leuchtet das Licht. Hier ist die Kraft der Liebe am deutlichsten zu spüren. Hier ist die Kraft der Heilung, des Ganzwerdens. Hier ist der göttliche grüne Strahl, den Hilarion von der Meisterebene her lenkt, am wirksamsten. Hier werden alle Bereiche, die auf körperlicher Ebene im Ungleichgewicht sind und sich in allen euren Anteilen nicht gut anfühlen, neu geordnet und sortiert. Es ist die geistige Ebene der Heilung, die euch in den Ursprung zurückversetzt, aus dem ihr gekommen seid. Der Ursprung eurer eigenen Körperlichkeit ist hier verankert, und es sind alle Möglichkeiten vorhanden, um wieder gesund und klar zu sein, um vollkommene Heilung zu erfahren, von der geistigen Ebene bis in die Körperlichkeit. Hier liegt ein wichtiger innerer Energiepunkt, der, wenn ihr euch mit ihm verbindet und über ihn den grünen Strahl der Heilung in euch hineinfließen lasst, alles bewirken kann, was ihr an Gesundheit für euer Leben braucht.

Von hier aus ist es nicht mehr weit bis zur Krone eurer inneren Energiezentren. Die Krone, die sich über dem Schädeldach nach oben öffnet – fühlt dort hin –, ist der Bereich, der euch mit allem göttlichen Wissen verbindet, mit den unendlichen Weiten des Universums, aus dem ihr selbst kommt, und der hier das kosmische Wissen und die Weisheit des Universums in euch einströmen lässt, wenn ihr es zulasst. Wenn ihr euch hier öffnet, kann euch die Unendlichkeit alles geben, was in euch ist. Hier ist der Zugang zur göttlichen Ebene, die in dir selbst ist und zu allen Anteilen, die du auf dem Weg in diesen Körper zurückgelassen hast. Hier öffnest du dich nach oben. Hier bist du ganz und gar auf dem Weg, dich dem gelben Strahl der Weisheit und des Wissens zu öffnen. Auf diesem Strahl hilft dir Konfuzius, dich zu öffnen, zu weiten und das göttliche Wissen in dich einströmen zu lassen, das nur darauf wartet, von dir empfangen zu werden.

Jeder von euch kann seine eigenen Prozesse und Veränderungswünsche mitsteuern. Und je mehr ihr beobachtet, wo Diskrepanzen in eurem inneren Sein liegen, desto mehr wird euch geholfen. Ihr werdet auf dem Weg geführt, nicht nur durch eure Seele, sondern auch durch die Kräfte der sieben göttlichen Strahlen, die hier wirken. Sie sind immer aktiv, um alles, was für den Aufstieg noch verändert werden will, mitzuverändern, mitzuhelfen, eine neue innere Welt in euch aufzubauen, die frei ist von allen Verstrickungen, Zweifeln, Ängsten und Ideologien, die frei ist für das Leben nach der Dualität.

Eins nach dem anderen verbindet sich zum Ganzen. Und je mehr Energiezentren in euch zu einer Einheit verschmelzen, desto mehr können sie sich insgesamt verbinden und zu einem Energiefeld werden, das euch dann durchströmt und in eine Ebene hineinbringt, in der ihr tatsächlich die Öffnung erfahrt, die Öffnung des Bewusstseins, eine innere Ebene des vollkommenen Friedens und Angenommenseins eures Seins, und damit eine Glückseligkeit, die zur Erleuchtung führt. In dieser Erfahrung werdet ihr in den Aufstieg gehen, in den Aufstieg in die nächste Dimension, und damit die materielle Ebene beherrschen.

Diese wird dann nicht mehr die Ebene sein, die *euch* beherrscht, die euch drängt, in bestimmte Richtungen zu gehen, die euch hindert, euer wahres Leben zu führen, sondern *ihr* werdet *sie* erkennen und sehen, warum sie so funktioniert, wie sie funktioniert. Ihr werdet dann zu jedem Zeitpunkt eures Lebens in euren Entscheidungen frei sein und nicht mehr von den Umständen gezwungen werden können. Ihr werdet die Umstände beherrschen und nicht umgekehrt. Das ist wirkliche Freiheit, in die ihr immer mehr hineingeht, je mehr ihr die Öffnungen in allen Energiefeldern zulasst und euch anschaut, was bei euch in die Veränderung gehen kann.

Diese Veränderung wird von der Liebe, die euch umfängt, begleitet. Sie wird von euch begleitet, von den Anteilen, die ihr zurückgelassen habt. Sie wird von euren Seelenpartnern begleitet und von allen Ebenen des Seins, die schon auf euch warten, von denen ihr euch kurzfristig verabschiedet hattet, um durch diesen Zyklus der Erdenleben zu gehen und mit den Erfahrungen zurückzukommen, die ihr hier gemacht habt. Eure Seelengeschwister warten darauf, sich mit euch auszutauschen. Sie warten darauf, dass ihr zu einer Familie zurückkommt, die auf geistiger Ebene eine Verbundenheit hat, wie ihr sie euch heute manchmal in eurer Familie wünscht.

Alle Wünsche, die ihr an die Menschen habt, die mit euch sind, sind zum Teil Erinnerungen an das, was ihr in der Geistigen Welt jede Nacht erfahren könnt, wenn ihr reist und mit euren Geschwistern auf der seelischen Ebene Kontakt aufnehmt und wieder hierher zurückkommt in den Körper – manchmal erschöpft, manchmal wunderbar ausgeruht. Aber jeden Tag ist eure Seele mit dem genährt, was des Nachts erfahren wurde. Und jeden Tag, den ihr mit dem Tagesbewusstsein neu beginnt, habt ihr vergessen, was ihr erlebt habt.

Je mehr ihr an diese Öffnung herankommt, von der ich sprach, an dieses Leben in einem höheren Bewusstsein, desto klarer werdet ihr euch an alles erinnern können, was noch ist, und desto deutlicher werdet ihr die Wesen in der Umgebung sehen, die mit euch die Erde gestalten, die Wesen, die mit den Pflanzen arbeiten, mit der Erde selbst und mit den Tieren. Und ihr werdet miteinander in Harmonie die Erde neu gestalten, aus einer Bewusstheit heraus, die alles umfasst und nichts mehr ausgrenzt. Alle Mauern, die in euch noch bestehen, werden fallen, und alle Begrenzungen, die ihr noch spürt, werden sich auflösen. In diesem Zustand des ALL-EINS-Seins wird es den wahren inneren Frieden geben, den sich die Herzen so sehr wünschen, den die Seelen schon sehen und fühlen und der euch in eurem körperlichen Sein manchmal noch so weit entfernt scheint.

Wir sind mit euch auf diesem Weg. Und wir helfen gerne jedem, der sich auf diesem Weg helfen lassen möchte. Wir sind mit unseren Energien bei euch und unterstützen euch in jedem Prozess eures Lebens – immer und immer wieder.

ICH BIN Sanat Kumara.

Konfuzius: Die Öffnung in die höheren Welten

ICH BIN Konfuzius.

Wissen und Weisheit sind scheinbare Gegensätze in dieser Welt. Ich repräsentiere die Ebene, in der die Weisheit mit dem Wissen verschmilzt, das Wissen integriert und in der alles integriert und zusammengeführt wird, was auf dieser Welt scheinbar gegensätzlich ist.

Ich begegne euch über euer Kronenchakra, über eure Öffnung zu eurer göttlichen Seele, zum göttlichen Sein in euch. Ich begegne euch in diesem Atompunkt, in dem ihr die Verbindung zur unendlichen Ebene der Weisheit, des inneren Friedens und der göttlichen Selbstverständlichkeit bekommen könnt, zu der Ebene, in der die Wahrheit, das absolute Wissen und die Erleuchtung des Lichts und der Liebe vollkommen erreicht ist. Ich begegne euch über diesen Bereich eures eigenen Energiesystems, das euch die Öffnung in alle höheren Welten ermöglicht. Hier ist der Kumulationspunkt, durch den ihr euch mit eurer göttlichen Seele und den unendlichen Ebenen der Engelwelten, der Aufgestiegenen Meister bis hin zur Quelle selbst verbinden könnt.

Dies ist der Ort, der geöffnet werden will, der für diese Begegnungen vollkommen frei sein möchte. Es ist der Ort, an dem ihr spürt – wenn ihr euch gedanklich dorthin fokussiert –, dass es eine Öffnung, ein Kribbeln, eine

Wärme gibt, eine Wahrnehmung, die bei jedem von euch unterschiedlich sein kann, die aber die Öffnung bewirkt. Ihr könnt euch dazu in alle möglichen inneren Haltungen begeben. Wichtig ist, dass ihr hier ankommt, euch auf diese Ebene, ich will nicht sagen konzentriert, aber eure Achtsamkeit und Aufmerksamkeit dort ist. Es kommt nicht darauf an, vollkommen konzentriert zu sein, sondern eine Achtsamkeit, eine Aufmerksamkeit dorthin zu schicken, die euch gelassen und ruhig sein lässt und gleichzeitig eine Öffnung bewirkt, die euch wie eine Antenne nach oben verbindet.

Ihr verbindet mit „Oben" die göttliche Ebene, und deshalb benutze ich diese Worte. Aber es ist nicht wichtig, ob es oben, unten, rechts oder links ist. Es sind nur Begriffe, damit ihr leichter erkennt, worum es geht – um die Ausrichtung zur göttlichen Quelle, mit allen Schritten, die dazwischen liegen. Und ich repräsentiere den goldgelben Strahl, der einer der Ausdrucksformen der göttlichen Quelle ist. Die Quelle kann sich auf viele verschiedene Arten und Weisen ausdrücken. Jeder von euch ist ein Ausdruck dieser göttlichen Quelle. Jeder Mensch, der euch begegnet, ist ein Ausdruck dieser göttlichen Quelle. Jedes Tier, das euch begegnet, jede Pflanze, die ihr anschaut, ist ein Ausdruck der göttlichen Quelle. Und ihr seid es, die dies alles erkennen können.

Wenn ihr in eurem Scheitelchakra angekommen seid und diese Verbindung entsteht, kann die innere Gewissheit so klar werden, dass ihr es nicht nur theoretisch wisst, sondern es in eurem Inneren erfahrt und spürt. Das ist ein Unterschied. Es ist so ähnlich, als wenn ihr eine Zeichnung für ein Gebäude macht und wisst, welcher Raum wohin kommt, oder ob ihr erlebt, wie es ist, wenn aus dieser Zeichnung ein Haus entsteht und ihr die Räume mit dem füllt, was ihr in sie hineingeben wollt. Das eine ist das theoretische Wissen, das andere die praktische Erfahrung und das Gefühl des Erschaffens.

Dieses praktische Gefühl des Erschaffens und Erlebens der eigenen Anbindung an die Quelle selbst, an die höheren Welten, macht ihr euch über diese Ebene zugänglich. Von hier kommt alles, was euch aus der Quelle erreicht und sich dann in euch ergießt. Von hier kommen alle Informationen, alle Ebenen, die ihr als Kanal aufnehmen und weitergeben könnt. Hier gibt es einen Filter, der filtert, was durchkommen will, und dieser ist eine Ebene über eurem siebten Chakra – die Ebene der eigenen göttlichen Seele. Diese göttliche Seele, die ihr seid, filtert alle Informationen, weil sie sie nur in dem Maße durchlässt, in dem ihr sie in eurem System verdauen und verkraften könnt. Deshalb gibt es so unterschiedliche Möglichkeiten der inneren Wahrnehmung: weil ihr von eurem Seelenbewusstsein aus nicht alles hereinlasst, was jetzt schon möglich wäre.

Viele Menschen, die in ihren anderen Energiezentren noch so beschäftigt sind, dass sie diese Ebene noch gar nicht wahrnehmen wollen, wären völlig überfordert, wenn ihnen diese Informationen schon zufließen würden. Und andere, die sich noch anderen Dingen zuwenden wollen und das Leben in der Dualität mit all seinen Kämpfen in vollen Zügen genießen, wären verwirrt, wenn diese Informationen durchfließen würden. Deshalb gibt es diesen Filter.

Dieser wird sich im Laufe der Zeit immer mehr verändern und die Informationen durchlassen, die ihr benötigt, um alle Ebenen in euch zu klären, wodurch ihr eine direkte Verbindung zur Geistigen Welt bekommt. Jeder von euch hat diese Verbindungen. Über euer Scheitelchakra und eure Seele seid ihr an eure höheren Anteile angebunden, die wiederum verbunden sind mit den geistigen Anteilen vieler Wesenheiten und Ebenen der Erzengel und Aufgestiegenen Meister, bis hin zur Quelle selbst.

Seid euch dessen bewusst, dass dieser Bereich des Scheitelchakras das Tor ist, durch das die Informationen kommen. Durch dieses Tor, das sich öffnet, werden wir mit euch Kontakt aufnehmen. Ich benutze es auch bei diesem Medium, durch das ich spreche. Ich lasse die Energie fließen, und *er* benutzt sein nächstes System, das Dritte Auge, um zu übersetzen, sein Ausdruckschakra, um zu übermitteln, und sein Herzchakra, um die Energie an euch weiterzuleiten.

So hat jedes Energiesystem in euch eine bestimmte Funktion und Wichtigkeit in dem Prozess des Übertragens von geistigen Wahrheiten in euer Körpersystem, um sie dann über dieses auszudrücken und weiter mitzuteilen. Diese inneren Prozesse beginnen immer im Scheitelchakra. Gleichzeitig sind alle anderen Energiezentren ebenfalls betroffen und in den Prozess mit eingestimmt.

Ich möchte euch dazu einladen, selbst einmal zu fühlen und wahrzunehmen, wie es ist, die gesamte Aufmerksamkeit in diesen Bereich des Kopfes zu sammeln, all eure Achtsamkeit dorthin zu geben und dabei den übrigen Körper entspannt zu lassen. Ich möchte euch auffordern, jetzt an diesem Ort zu sein und einige Minuten der inneren Ruhe und Achtsamkeit an diesen Platz zu lenken ...

Wenn du jetzt an diesem Platz bist, stell dir vor, dass über diesem Ort die Sonne scheint, die Wärme auf dich einstrahlt, das Licht des Lebens leuchtet. Dann stell dir vor, dass dein Kronenchakra eine geschlossene Blüte ist, die sich im Sonnenlicht entfalten will. Spüre, wie die Wärme der Sonne immer mehr auf deinem Kopf ankommt und diese Blume zum Aufblühen erweckt. Nimm dir eine Blume, die in diesem Bereich deinem Sein entspricht. Du kannst sie dir vorstellen, wie du möchtest. Nimm die Pflanze, die dir am angenehmsten erscheint. Spüre, wie sie wächst, wie die Blütenblätter sich entfalten. Spüre, wie sie die Sonne in sich hineinsaugt, das Licht des Lebens trinkt und wie durch diese Öffnung die Verbindung zum Licht

und zur Liebe deiner eigenen Seele immer stärker wird ....

Von diesem Ort aus hast du Verbindung zu Allem-was-ist. Du hast Verbindung zu dir selbst, zu allen deinen Anteilen, zu all deinen Leben, die du jemals gelebt hast, zur Unendlichkeit selbst, zur göttlichen Quelle in dir, und es wird dich all das erreichen – wenn du darum bittest –, was dich in deiner Entwicklung unterstützt und stärkt. Hier ist das Wissen aller Lebenszeiten und Lebensziele für dich vorhanden. Dieses Wissen öffnet sich über deinen Zugang zur göttlichen Quelle. Hier bist du geschützt, weil deine Seele bestimmt, um welche Anteile es geht, die bei dir ankommen. Hier bist du immer in Sicherheit, weil du mit deiner eigenen göttlichen Seele bestimmst, welche Informationen zu welchem Zeitpunkt jetzt einfließen wollen. Hier wirst du sanft und direkt in alle Erkenntnisebenen hineingeführt, die sich dir in dieser Lebenszeit, in der du jetzt bist, zeigen wollen und sollen.

Hier kannst du dich darauf verlassen, dass das göttliche Licht dir nur die Informationen gibt, die jetzt im Moment richtig und gut sind. Du bist hier geborgen und frei zugleich. Du bist geschützt und kannst mit dir experimentieren. Hier bist du vollkommen offen und gleichzeitig von deiner Seele wie in einen Kokon eingehüllt. Es gibt hier keine Gegensätze mehr. Gegensätze lösen sich auf dieser Ebene auf, und Bewertungen hören auf, zu sein.

Immer, wenn du dich mit dieser Ebene in dir verbindest, öffnest du einen Zugang zu den göttlichen Welten, die auch in dir sind. Alles ist in dir, alles ist für dich, und du bist gleichzeitig mit Allem-was-ist verbunden...

ICH BIN Konfuzius.

Konfuzius: Ein offener Kanal

ICH BIN Konfuzius.

Die Weisheit des Universums und der schöpferischen Kraft, die immer wirkt, ist in jedem von euch. Die Weisheit, die ihr besessen habt, als ihr euch als Engelwesen entschieden habt, auf dieser Erde Fuß zu fassen und ein Leben zu leben, hat euch nie verlassen. Sie ist immer noch ganz und gar bei euch.

Das Vergessen, das zwischendurch eingetreten ist, hat manchen das Leben auf dieser Erde zeitweise etwas schwer gemacht, das Vergessen, dass ihr tatsächlich göttliche Wesen seid, die aus dem Ursprung der Schöpfung alles mitgebracht haben, was sie brauchen, um dieses Leben zu leben. Dieses Wissen ist euch im Laufe der Zeit, die ihr durch diesen Raum geht, verloren gegangen, doch es kommt langsam immer mehr zurück. Es klopft jeden Tag an eure Herzenstür, weil es wieder in eure ganze Persönlichkeit integriert sein möchte.

Diese unendliche Weisheit, die für jeden von euch immer vorhanden ist, ist jetzt hier. Alles, was ihr braucht, befindet sich immer in euch selbst. Es bedarf jetzt nur eines kleinen Funkens über eurem Kopf, der ein Tor weit öffnet, das euch wieder die Verbindung zu allem ermöglicht, was ihr jemals wart, seid und sein werdet. Ihr seid niemals aus dieser Kraft herausgefallen, niemals in die Ausgrenzung, in die Separation gegangen. Es hat sich nur immer so angefühlt in diesem Körper, in diesem irdischen Sein, in dem die Dualität so stark vorherrscht. Dadurch hat sich euer inneres Verhältnis zu eurem wahren Ursprung verändert, und ihr habt geglaubt, dass alles, was ihr braucht, im Außen zu suchen ist, außerhalb von euch, weil ihr euch mit dem, was ihr jetzt lebt, in den meisten Fällen ausgeschlossen gefühlt habt.

Die Öffnung eurer Krone bewirkt, dass immer mehr Informationen, Weisheit und Wissen aus den Weiten des Universums in euch wieder fühlbar, spürbar, sichtbar und hörbar werden. Die Öffnung ist der wichtigste Schritt, den Weg zur eigenen Göttlichkeit zu finden, den Weg zu den Geschwistern und Familien, die in den himmlischen Gefilden auf euch warten, zurückzufinden, um wieder den Platz einzunehmen, von dem ihr gekommen seid, um wieder ganz und gar zu Hause anzukommen, in dieser Eindeutigkeit, in diesem Einssein, aus dem ihr kommt. Dieses Einssein wartet, es war immer da, es war hinter einer kleinen Mauer – nicht hoch, aber doch so hoch, dass ihr nicht gesehen habt, was dahinter ist.

Hinter dieser kleinen Mauer ist alles, was ihr braucht, und sie wird jetzt ein wenig geebnet. Es ist, als ob sie automatisch im Erdboden versinkt und den freien Raum dahinter öffnet. Der freie Raum, der hinter eurem Kronenchakra ist, wird immer mehr geöffnet, um euch zu zeigen, dass ihr tatsächlich mit allem eins seid und nichts von der Trennung, die ihr fühlt, Wirklichkeit ist. Fühlt die Öffnung und dass ihr durch sie in eine Verbindung hineinkommen könnt, die all eure Sehnsüchte erfüllt, durch die ihr in die Schwingung hineinkommen könnt, die ihr euch immer gewünscht habt, in das Verständnis für Alles-was-ist, in eine Ebene, in der ihr keine Fragen mehr habt, in der sich jede Frage von selbst erklärt, in der sich jedes Gefühl vollständig verwirklicht, in der jeder Gedanke gleich umgesetzt ist, in eine göttliche Schwingung, die auf euch wartet, wenn ihr euch vollständig öffnet und frei seid.

Öffnet euch über euer Kronenchakra dem göttlichem Wissen und der Kraft, die aus der schöpferischen Ebene des Universums kommt. Das Strahlen, das von hier ausgeht, wenn ihr euch öffnet, lädt die Schwingungen ein, die ihr jetzt braucht. Und alles, was euch fehlt, wird nach und nach im Bewusstsein aufgenommen.

Die Öffnung ist das Erste, und dann wird durch euren Energiekörper alles auf den Ebenen verteilt, auf denen es dann wirksam werden kann, bis in die tiefsten Tiefen eures körperlichen Seins. Die Öffnung bewirkt ihr selbst, wenn ihr sagt: „Ich will mich öffnen." Mit den Worten „ICH BIN ein offener Kanal" manifestiert ihr euren Wunsch. Mit dem Gedanken „ICH BIN ein offener Kanal" lasst ihr euch weit öffnen und spürt, dass über eurem Kopf, in der Höhe über euch, unendlich viel ist, was hier hereinfließen und sich in euch zeigen möchte. Ihr öffnet es mit dem Willen, den ihr ausdrückt, und jedes Mal, wenn ihr das tut, bleibt es, je nachdem, wie lange ihr es halten könnt, ein wenig länger offen. Jedes Mal, wenn ihr dies bewusst tut, sei es als ein kurzer Gedanke im alltäglichen Leben, als ein längerer Impuls in der Zurückgezogenheit in euch oder einer Meditation – so, wie ihr es gewohnt seid –,verstärkt ihr diesen Impuls des Öffnens für die Geistige Welt. Damit schafft ihr die Grundvoraussetzung zur Verbindung mit Allem-was-ist.

„ICH BIN ein offener Kanal. Ich lasse mich füllen von der Weisheit der Schöpfung. Ich lasse mich füllen mit dem Wissen der Universen. ICH BIN immer in dieser Weisheit. ICH BIN immer in diesem Wissen. ICH BIN mit dem, was ich hier auf der Erde bin, ein Kanal, der sich für alles öffnet, was mich in meinem Lebensplan erreichen will und soll."

Jedes Mal, wenn ihr so sprecht, öffnet ihr euch sehr bewusst und macht euch weit. Manchmal fühlt ihr diese Weite sofort, ein anderes Mal fühlt ihr die Unendlichkeit, die hinter diesen Worten steht, oder ihr spürt die Unendlichkeit des Raums, die dahinter ist. Dann wieder werdet ihr ganz klein und fühlt euch auch sehr klein auf dieser Erde. Es gibt auch Momente, in denen ihr euch vor dieser Weite und Unendlichkeit ein wenig ängstigt und spürt, dass euch dieser Raum, den ihr nicht ermessen könnt, Furcht bereitet. Dann geht das Tor wieder ein wenig zu. Und jedes Mal, wenn ihr einen neuen Impuls setzt, geht es wieder ein wenig mehr auf.

So spielt ihr in diesem Leben dieses Spiel mit eurem Tor zur unendlichen Wirklichkeit, die über der irdischen

Wirklichkeit ist und unendlich viele Facetten und Dimensionen hat. Und je nachdem, wie ihr euch traut, wie ihr in das vertraut, was sich zeigen will, werdet ihr viel oder wenig in euch hineinlassen. Mit jedem Schritt, den ihr bewusst tut, überwindet ihr ein Stück die Angst vor dieser Weite, die Furcht vor der Unendlichkeit, vor dem Verlorensein im Ganzen. Das, was euch am meisten von dieser unendlichen Öffnung zurückhält, ist das Festhalten an eurer Persönlichkeit, die ihr gerade lebt, an der individuellen Ausprägung eures Seins auf dieser Erde. Es ist das, was euch scheinbar in diesem Leben ausmacht, so, wie ihr jetzt hier in diesem Körper seid, so, wie ihr jetzt mit euren Gefühlen fühlt. All das, womit ihr euch als Person identifiziert, die ihr jetzt seid, kann sich in diesem ALL-EINS-Sein wie verloren anfühlen, in dieser unendlichen Weite aufgehen wie ein Tropfen Regenwasser im unendlichen Ozean. Gleichwohl hat dieser Tropfen im unendlichen Ozean seinen Platz in ihm, auch wenn er sich mit den anderen Tropfen um sich herum verbindet und eins mit ihnen wird.

Genauso kannst du mit deiner derzeitigen Persönlichkeit eins werden mit Allem-was-ist. So lange du in diesem Körper weilst, wirst du immer wieder in deine derzeitige Persönlichkeit hineinkommen. Du wirst dich immer wieder individualisiert fühlen und der Mensch sein, der in diesem Körper wohnt. Aber wenn du die Erfahrung des ALL-EINS-Seins einmal zugelassen hast, wird es dich nicht mehr so sehr in diesem irdischen Sein festhalten. Es wird dich nicht mehr so ängstigen, den Körper irgendwann einmal loslassen zu müssen. Noch nicht einmal der Tod, den viele Menschen auf dieser irdischen Ebene fürchten, wird dir wirklich Angst machen können, wenn du diese unendliche Weite einmal für dich gespürt hast. Es verändert alle Werte in deinem Leben, alle inneren Vorstellungen von dem, was wirklich ist, und lässt dich auf eine Art und Weise im Bewusstsein reifen, die dich über alles hinauskatapultiert, was diese irdische Realität an Werten und Vorstellungen bieten kann.

Jedes Mal, wenn du dich entscheidest, deine Krone weit zu öffnen, gibst du einen Impuls und wirst ein wenig mehr zum offenen Kanal, bis eines Tages der Moment kommt, an dem du die Unendlichkeit siehst und spürst, die Unendlichkeit des Universums tatsächlich in dir hast, sie empfangen hast, so, wie sie sich für dich ausdrücken will. Dieses unendliche Sein, das du dann in dir empfindest, lässt dich Quantensprünge in deinem Bewusstsein machen. Es ist eine so wunderbare ekstatische Erfahrung, dass danach alles andere, was in diesem Leben auch schön und wichtig war, ein wenig schal erscheint. Du wirst dann wissen, warum dein Leben auf der Erde noch die eine oder andere Wendung macht, bis du dann irgendwann ganz im Ozean des Lebens aufgehst und nicht wieder in die irdischen Realitäten zurückkehrst. Alles, was du in diesem Eins-Sein fühlst, diese unendliche Geborgenheit und die gleichzeitige Explosion aller Gefühle in dir, lässt dich eine Wirklichkeit erleben, die dich immer wieder anzieht, so lange, bis alles erfüllt ist, was auf der Erde erfüllt werden will.

Du lässt dich auf neue Erfahrungen ein, wenn du deinen Kanal öffnest. Ein offener Kanal zu sein bedeutet dann in erster Linie, Botschaften zu hören, zu fühlen, zu sehen und zu empfangen, die für *dich* da sind. Es ist so, als ob du erst einmal mit deiner Seelenebene eine Verbindung hättest, die vorher noch nie so war, und dann wird es sich immer mehr erweitern. Und wenn es für dich so gedacht ist, wirst du Botschaften aus den Geistigen Welten empfangen, aus der Ebene der Meister, der Erzengel oder auch anderer Welten. Manchmal wirst du auch für die Welten der Verstorbenen, der Seelen, die jetzt in der Astralwelt sind, offen sein. Die Schleier werden sich öffnen, je mehr du dich öffnest, und es werden sich die Möglichkeiten der Übersetzung für dich finden. Es ist, als ob du auf einer inneren Ebene neue Sprachen kennenlernst, so, als ob du die Sprache der Geistwesen in dir empfängst und sie nach und nach auch in Worte, die ihr untereinander benutzt, verwandeln kannst. Diese Ebene kommt danach, die Ebene der Übersetzung, des Umsetzens dessen, was empfangen wurde. Und je klarer und offener dein Kanal ist, desto einfacher wird auch die spätere Übersetzung dessen, was in dir ankommt.

Spüre in dich hinein und über deinem Kopf diese Öffnung, die sich unendlich weit und offen für dich anfühlt. Spüre, dass hier alles auf dich wartet, was jemals an Wissen abgeholt werden kann, dass alles vorhanden ist und immer dann abrufbar sein wird, wenn du es brauchst...

Du bist immer, wenn du es willst, ein offener Kanal. Die Energie, die ich dir dazu zur Verfügung stelle, hast du auch in dir. Die Energie, die jetzt hier ist, kannst du jederzeit wieder hervorrufen, indem du dich öffnest und sagst: „ICH BIN ein offener Kanal für die Liebesschwingungen des Universums, für die Schöpferkraft selbst", für das, was *du* willst.

ICH BIN Konfuzius.

Hilarion: Wo gibt es Widerstände in dir?

ICH BIN Hilarion.

Ich sende euch die Kraft der Heilung und der Wahrheit, sodass ihr in euch selbst ganz und heil werden könnt und Wahrheit in euch so entdeckt, wie sie für euch richtig ist. Wahrheit heilt Alles-was-ist. Die eigenen Erkenntnisse, die sich um ein Vielfaches dessen erweitern, was die materielle Welt zeigt, bringt eine Weite, eine Tiefe, eine Erkenntnisebene von Wahrheit, die alle Wunden heilt, alles Erlebte sinnvoll erscheinen lässt und euch in euren Ebenen der inneren Erkenntnisse mehr und mehr anhebt.

Dadurch entsteht innerer Friede, Friede mit dir selbst. Das bedeutet, ganz und gar heil zu sein, in allen deinen Anteilen. Liebe zu dir selbst bedeutet: Alles, was du bist, alles, was du ausdrückst, alles, was du zum jetzigen oder zu einem zukünftigen Zeitpunkt deines Lebens sein wirst, anzuerkennen, zu lieben, zu ehren und zu achten, wie es ist, und vor allen Dingen all das als liebenswert und gut zu betrachten, was du jemals erlebt hast. Heilung beginnt in dir selbst, wenn du alles annimmst, was du jemals in dir gefühlt, gespürt und erlebt hast.

Diese Erkenntnis entwickelt sich immer mehr. Sie entwickelt sich auch immer mehr über das Energiezentrum, das zwischen der Nasenwurzel und dem Hinterhauptloch in der Mitte deines Kopfes liegt. Dieses Energiezentrum strahlt nach vorne und nach hinten aus und will den inneren Frieden und die innere Liebe in dir immer mehr zeigen. Je mehr hier Kraft hineinströmt, und je mehr du hier bist, desto mehr kannst du die höheren Erkenntnisebenen in dir erwecken und dadurch Wahrheiten in dir sehen, fühlen und spüren, die vorher nicht da waren. Darüber entsteht Heilsein auf allen Ebenen, Gesundheit bis tief in den Körper hinein, Klärung und Offenlegung aller Gefühle.

Die Heilung, die ich meine, beschränkt sich nicht auf die Gesundheit des Körpers, sondern vollzieht sich auch auf allen Ebenen eurer Gefühle. Sie durchzieht alle eure Energiezentren, in denen noch Ungleichgewicht herrscht, und eure Gefühlswelten, in denen ihr nicht im Einklang mit euch selbst seid. Sie durchzieht auch alle Gedankenmuster und Vorstellungen von dem, was Wahrheit und Erkenntnis ist, bis hin zu dem Moment, in dem ihr die allumfassende Erkenntnis fühlt und spürt und im ALL-EINS-Sein aufgeht.

Es gibt viele Schritte auf diesem Weg. Sie beginnen in den Erkenntnissen darüber, warum ihr euch mit bestimmten Gedankenmustern verbindet, warum euch gewisse Anteile in euch immer wieder zu bestimmten Situationen hinziehen, um euch etwas zu zeigen. Sie gehen weiter über alle Gefühle, die in euch auftauchen und sich ausdrücken wollen, und setzen sich fort bis in jede einzelne Zelle eures Körpers, ausgehend vom Dritten Auge. Wenn das Dritte Auge einmal erwacht ist, ist es für die

Wahrnehmung aller feinstofflichen – wie ihr das nennt – Ebenen zuständig: für die Ebenen des Sehens, Hörens und Fühlens, die nicht auf dem materiellen Sehen, Hören und Fühlen beruhen, sondern auf einer Ebene des Wahrnehmens und Erkennens, die außerhalb der materiellen Ebene liegt.

Jeder von euch fühlt die Wahrheit, wenn sie ausgesprochen wird. Jeder von euch kennt das Prinzip der Resonanz, des „Das kommt jetzt", und sei es nur in Momenten, in denen das Telefon klingelt und ihr genau wisst, wer am anderen Ende der Leitung ist. Das sind Momente, in denen ihr schon ganz wach seid. Dieses Wachsein, dieses Gewahrsein, dieses Wahrnehmen wird sich immer weiter ausdehnen und immer größeren Raum einnehmen, sodass jeder sich mit Ebenen verbinden kann, die in ihm selbst sind. Hier wächst die Erkenntnis der eigenen inneren Wahrheit, das Gewahrsein dessen, was in euch erlöst, gelöst, erreicht werden will, damit Heilung auf allen Ebenen geschieht, die abgestorbenen Gefühle wieder auftauchen können und die tiefen Verletzungen geheilt werden dürfen, damit alles, was jemals erlebt, gefühlt und gedacht wurde, in den Zustand der Ganzheit erhoben wird, des Sein-Dürfens, ohne bewertet und abgelehnt zu werden.

Heilung auf dieser Ebene ist auch Liebe, die sich als eine innere Liebe, die allumfassend ist, in dir ausdrücken will. Es ist die innere, unendliche Liebe, die alles annimmt, was in dir ist. Es ist die Liebe, die größer ist, als jede menschliche Liebe sein kann. Es ist die Liebe in dir, die über dein jetziges Sein hinauswächst und umfassender, klarer und deutlicher ist und doch ein so tiefes Gefühl von Sehnsucht in dir hervorruft, dass du dich hingezogen fühlst zu dieser Liebe, die nichts an dir kritisiert, sondern alles anschaut und annimmt, wie es ist, jeden Teil von dir, jede Zelle, vom Zehennagel bis zur Haarspitze, jedes Gefühl von Ablehnung, Annahme und Zurückweisung, wie von offener Liebe und offenem Herzen.

Jedes Gefühl, das in dir auftaucht, darf so sein, bis hin zu deinen Gedanken. Alles, was dir in die Gedanken hineinfließt, hat seinen Sinn, will angeschaut, um dann aufgelöst zu werden. Alles, was sich hier zeigt, will in Heilung gehen. Alles, was hier an Bewertungen kommt, möchte frei davon werden. Diese Heilung all deiner Ebenen geschieht über dein Drittes Auge, über dieses Energiezentrum in dir, über das du den inneren Frieden und die innere Liebe ganz und gar spüren kannst. Von hier aus wirkt es auf alle deine Systeme, auf all dein Sein. Ich gebe dir – und du gibst dir selbst –, was du dafür brauchst. Diese Anbindung an deinen eigenen inneren Heiler, deine innere Heilerin, dein Ganzsein, ist über dieses Zentrum zu erreichen.

Die Einstrahlungen, die aus deiner Seelenebene kommen und durch dein geöffnetes Kronenchakra in diesen Sitz deiner inneren Heilung hineinfließen, helfen dir dabei, mehr und mehr in diesen Zustand des inneren Friedens mit dir selbst zu kommen. Frieden mit dir zu schließen ist der erste Schritt zur Heilung all deiner Lebensumstände, Gefühlszustände, Gedankenzustände und auch deiner körperlichen Beschwerden. Es ist der erste und wichtigste Schritt. Alle anderen Schritte, die ihr auf dieser Welt noch gehen könnt, um Heilung für die verschiedenen Ebenen des Körpers, Geistes und der Seele zu erreichen, sind auch wichtig. Aber ohne Frieden zu schließen kann keine dauerhafte Heilung entstehen. Frieden mit dir selbst zu schließen, in Liebe mit dir selbst zu sein, ist die Grundvoraussetzung für das freie Fließen, die innere Harmonie, das Leben in deiner Zukunft, um auf allen Ebenen ganz und gar heil und gesund zu sein.

Sei einen Moment in diesem Zentrum. Spüre einen Moment in dein Drittes Auge und fühle: „Wo bin ich wirklich im inneren Frieden mit mir? Wo gibt es Widerstände in mir? Worauf will ich mich nicht einlassen? Was verdränge ich und lasse es nicht ans Licht kommen? Welche Anteile in mir lehne ich ab? Wo bin ich mit mir und meinem Sein nicht im Frieden?" Dies zu fühlen und zu erforschen ist eine der wichtigsten Grundlagen dafür, dass du heil wirst.

Auf dieser Ebene reicht es aus, wenn du dich darauf ausrichtest, die Wahrheit zuzulassen, die sich zeigen will, um dann dem Prozess zu vertrauen, der in dir durch deine göttliche Führung geschieht. Du brauchst nichts weiter zu tun, als die Tür zu öffnen, um den Fluss der geistigen Heilung in dir einzuleiten und dann vertrauensvoll geschehen zu lassen, was auf dich zukommt. Es werden die richtigen

Impulse, Gedanken und auch die richtigen Vorstellungen von dem entstehen, wie dir Heilung zufließen kann, wie du Frieden mit dir selbst schließen kannst, als Grundvoraussetzung für die weitere Heilung in Körper, Geist, Seele und allen Gefühlen.

ICH BIN Hilarion, und ich unterstütze dich dabei, was immer du willst. Lass dich aus der Ebene leiten, die ich mit repräsentiere. Fühle, dass hier Energie einfließt, die dich in Frieden mit dir selbst bringt. Spüre, dass du auf diesen Ebenen Erkenntnisse gewinnen kannst, durch die du freier, klarer wirst und dich mit all deinen Anteilen den Prozessen in dir öffnest, die sich entfalten wollen. Es wird immer nur so viel geschehen, wie du tatsächlich im Moment zulassen und verkraften kannst. Lass dich von der Kraft der Heilung berühren, die dir Frieden und Liebe zu dir selbst schenkt.

ICH BIN Hilarion.

Hilarion: Die Wahrheit hinter deinen Masken

ICH BIN Hilarion.

Ich komme auf dem grünen göttlichen Strahl der Heilung und der Wahrheit, der vieles verändern kann, wenn ihr diese Veränderung in euch annehmt und zulasst, zu den Ursprüngen zurückkehrt und die innere Gewissheit, die in euch ist, wirken lasst. Dieser Strahl der göttlichen Quelle, den ich mit repräsentiere, hat sein Energiezentrum im sogenannten Dritten Auge. In der Mitte eures Kopfes ist der Punkt in euch, über den ihr eure Spiritualität und Rückbesinnung zur Quelle erlebt und an dem ihr die Einflüsse der göttlichen Kraft in euch wandelt, verändert und so gestaltet, dass ihr damit auf dieser Erde etwas anfangen könnt.

Es ist der Ort, an dem die Kraft deines Geistes wirkt, die Kraft in dir, die du bist, und die dich durch dieses Leben führt, lenkt und leitet. Hier ist die universelle Wahrheit verankert, an die du nach und nach herankommst, wenn du die irdischen Schalen immer mehr aufblätterst und tiefer an den Kern dessen kommst, der du wirklich bist. Hier sind die Ursprünge verankert, aus denen heraus du deine vielen Leben entwickelt hast, hier sind sozusagen die Pläne, die Blaupausen, die Ursprungspläne deines Seins. Jedes Mal, wenn du dich entscheidest, wieder zu den Ursprungsplänen zurückzukehren, kann die Gesundheit in allen Bereichen deines Lebens verbessert werden und eine Einsicht in dir entstehen, die dich näher an deinen

Plan für dieses Leben heranführt, und du kannst die Wahrheit hinter den Masken deiner Wahrheiten, die du bisher gelebt hast, immer deutlicher erkennen.

Es ist, als ob sich Blatt um Blatt einer Blüte öffnet, bis du ihren inneren Kern siehst. Und wenn du hier tiefer und tiefer schaust, kommt eine Energie in dir zum Tragen, die dich aus allem Leid heraushebt und in die Ursprungskraft deiner eigenen Gesundung hineinbringt, deiner eigenen inneren Quelle, aus der du dich entwickelt hast. Alles, was sich aus dieser Quelle in die irdischen Realitäten entwickelt und hier Erfahrungen gemacht hat, kommt auf dem umgekehrten Weg an diese Stelle zurück. Es ist die Suche nach dem eigenen Sein, die Suche nach Gott, nach dem, was du im Außen vergebens gesucht hast. Es ist die Suche nach dem, was in dir tatsächlich vorhanden ist. Dieser Kern in dir ist deine Ursprungswahrheit, mit der du hier auf der Erde lebst und von der du dich im Laufe der verschiedenen Erfahrungen immer mehr entfernt hast – notwendigerweise –, um alles zu erfahren, was erfahrbar ist.

Nach einer gewissen Zeit, in der alle Tiefen ausgelotet sind und alles entwickelt und erfahren worden ist, was möglich war, wächst die Sehnsucht in jedem Wesen, in jedem Menschen, wieder zur Quelle, zum eigenen Sein zurückzukehren. Und wenn ihr zum eigenen Sein zurückkommt, werdet ihr an diesem Energiezentrum in eurer Körperlichkeit ein Feld finden, in dem alles gespeichert ist, in dem die Suche nach dem Ursprung ein Ende findet, wo ihr eure eigene innere Spiritualität, euch selbst in eurer Göttlichkeit findet. Von hier aus ist es dann nur noch ein kleiner Schritt zur Öffnung eures Kronenchakras, um dann tatsächlich All-Einheit zu erfahren.

In diesem Zentrum erfahrt ihr eure eigene innere vielfältige Spiritualität, eure Klarheit im persönlichen Sein. Hier liegen die Schlüssel für die Überwindung des Leids auf irdischer Ebene. Hier liegen die Schlüssel für alle Veränderungen im körperlichen und seelischen Sein, in euren Emotionen und selbst in euren Gedankenmustern. Hier liegt sozusagen die Wurzelkraft eures geistigen Seins, aus der heraus sich die Leben entwickelt haben. Und wenn ihr zu dieser Wurzelkraft zurückkommt und sie in euch findet, werdet ihr alle Irrtümer, die ihr gelebt habt, aufdecken. Ihr werdet alle Schmerzen eures Körpers, eurer Gefühle und Gedanken heilen und mit dieser Kraft in euch tatsächlich ganz sein.

Die Kraft in euch hilft dabei, alle anderen Ebenen des Seins und Energien, die in eurem Körper noch im Ungleichgewicht sind, wieder in die Balance zu bringen. Diese Ebene in euch will sich stärken und entfalten. Sie ist näher an der irdischen Realität als die Unendlichkeit, die über eurem Kronenchakra ist, und doch ist sie eine Ebene der inneren spirituellen Kraft, die in jedem von euch sitzt und von außerhalb des Körpers alle Ebenen mit beeinflusst. Wenn die kosmische Kraft des Universums durch euer Kronenchakra eingeflossen ist, werden hier die Bahnen gelenkt, über die die universelle Kraft in den Körper fließen soll, damit die Ebenen der Körperlichkeit heil und ganz werden, alle Gefühle geheilt und mit Kraft und Energie gefüllt werden und alle Verletzungen, die in den unendlichen Äonen von Jahren entstanden sind, ganz und gar heilen können.

Am Ende der Zyklen eures Lebens wird sich diese Kraft von ganz allein entfalten, und jeder von euch kann jetzt schon etwas dafür tun, um in dieser Ebene auch anzukommen. Diese Ebene der Heilkraft ist das Zentrum in euch, in dem ihr die eigene Göttlichkeit erkennt und alles lenkt und leitet, was in eurem Körper noch im Ungleichgewicht ist. Wenn hier die Durchlässigkeit größer wird und sich die göttlichen Strahlen durch euch immer tiefer einsenken können, wird vieles von dem, was sich heute noch als Beschränkung, als innere Blockade, als Verletzung oder tiefe seelische Wunde anfühlt, nach und nach in den Heilprozess gehen.

Über dieses Zentrum in euch steuert ihr eure persönliche Heilung, doch viele von euch tun dies noch sehr unbewusst. Durch die Öffnung für diese Ebenen soll euch mehr und mehr klar werden, was ihr selbst für euch tun könnt und was wir mit den Strahlen für euch tun können, wenn ihr uns einladet, in euch mitzuwirken und hier die Kräfte wachsen zu lassen, die in die Wandlung gehen wollen. Dadurch werdet ihr eine schnellere Gangart in eurer persönlichen Entwicklung einlegen.

Das Heil- und Ganzwerden in allen euren Anteilen bedeutet auch ein Heil- und Ganzwerden in euren mentalen Bereichen. Wie viele von euch erkennen, dass manche Menschen in ihren Gedankenstrukturen verwirrt sind, in ihren Wahrnehmungen der Wirklichkeit dieser Erde, Abweichungen haben, die ihr nicht nachvollziehen könnt, oder Vorstellungen haben, die weit von eurer Wahrheit entfernt sind? Genauso sehen andere es manchmal auch bei euch: Sie können nicht verstehen, warum ihr gerade die Wahrheit, die ihr jetzt lebt, zu eurer macht, diesen Aspekt des Lebens herausgegriffen habt, obwohl sie andere Aspekte für wichtiger und sinnvoller halten.

Das, was du dir ausgesucht hast, in diesem Leben zu erfahren, ist in dir der Wahrheitsaspekt, der zum Tragen kommt. Stellt euch vor, dass die ganze Wahrheit wie eine große Torte ist, die in viele kleine Stücke aufgeschnitten ist. Jeder von euch hat sich für dieses Leben ein Stück herausgenommen. Dadurch wird der andere euch kaum verstehen, sondern seine eigene Wahrheit leben und über diese alles definieren, was er erlebt. Genauso wirst du mit deinem Tortenstück all das erleben und fühlen, was du in diesem Leben erfährst und es über diesen Aspekt als Wahrheit definieren.

Wenn ihr mehrere Leben gelebt und schon viele Wahrheitsaspekte in euch integriert habt, merkt ihr plötzlich, dass es nicht nur Stücke von Wahrheit gibt, sondern eine ganze Torte, vielleicht sogar ein ganzes Kuchenblech. Ihr werdet spüren, dass das, was ihr fühlt, nicht unbedingt das sein muss, was der andere als seine Wahrheit erkennt. Und nach und nach entwickelt ihr Verständnis und Toleranz für andere Menschen, zumindest in dem Maße, dass ihr erkennt, dass der andere anders ist und es akzeptieren könnt.

Wenn für euch die Ablehnung anderer nicht mehr so schmerzhaft ist und ihr erkennt, warum manche Menschen euch momentan in diesem Leben ablehnen, wird euch bewusst, dass die Wahrheit ein großes Feld ist und ihr mit eurem menschlichen Tagesbewusstsein immer nur in einem Teil dieses Feldes leben könnt und andere in einem anderen Feld ihrer Wahrheit leben. Dass sich so aber eine Entwicklung vollzieht, in der nach und nach immer mehr Menschen das gesamte Feld der Wahrheiten überblicken können.

In dem Moment, in dem dieses Bewusstsein in dir erwacht, wächst in dir eine Liebe, die aus dem Herzen kommt und die Menschen in ihrer Andersartigkeit – obwohl du sie nicht verstehst – so annimmt, wie sie sind. Je mehr du das in dir fühlen kannst, desto geringer wird auch dein eigener Schmerz. Je mehr du andere dafür lieben kannst, was sie gerade tun, desto mehr wächst in dir die Heilkraft für dein eigenes Sein.

Und nach und nach, von einer Stufe zur anderen, wirst du dich von Leben zu Leben und in diesem Leben von

Jahr zu Jahr, von Bewusstseinsebene zu Bewusstseinsebene weiter anheben und auf dieser Ebene des spirituellen Seins auch die Wahrheiten der anderen erkennen. Und weil du gegen nichts mehr kämpfen, vor nichts mehr Angst haben musst und alles, was du erlebt hast, für dich persönlich sinnvoll ist, kannst du heil werden. Heil werden, indem ihr euch in diesem Spiel der Dualität gegenseitig immer weiter fördert, auch wenn es manchmal nicht so aussieht. Heil werden, indem du nach und nach dieses Spiel als eine Illusion erkennst, die mit dem wirklichen geistigen Sein deiner Existenz nur wenig zu tun hat, aber du spielst es und erkennst, dass es ein manchmal zwar schmerzhaftes Spiel ist, aber immer noch ein Spiel und es auf dem Feld der Dualität in letzter Konsequenz eine Illusion ist, die du gewählt hast, damit du Erfahrungen machen kannst. Erfahrungen des Getrenntseins, des Schmerzes und des Leids, um wieder zurückzukehren zur Quelle.

Manches Mal, wenn du das erkennst und in den Phasen bist, in denen es wieder besonders weh tut, fragst du dich: „Habe ich das wirklich so gewollt, wie ich es jetzt fühle? Warum braucht es diese Erfahrung? Warum braucht es dieses Gefühl des Schmerzes und des Leids in mir?" Und im nächsten Moment, wenn du erkennst, dass auch dieser Schmerz und dieses Leid nicht deine absolute Wirklichkeit sind, bemerkst du, dass die Tiefe, die du im Leid gespürt hast, in dem Moment, wo es überwunden ist, sich in eine Leichtigkeit wandelt, die dich das Leben wieder lieben lässt, die dich glücklich macht und dir zeigt, dass in deiner Anbindung an die Göttlichkeit eine wunderbare Kraft ist, die alles überwindet, die jede Wunde heilt, die alles wieder in die Balance bringt, was jemals im Ungleichgewicht war, dass du auf dem Weg zurück klar erkennst: „Was war hier? Warum habe ich das erlebt? Was hat es mir gezeigt, und welche inneren Lehren ziehe ich daraus, wenn ich meine Erfahrung zurück in die Quelle mitnehme?"

Du bist mit dieser Kraft in dir immer verbunden. Sie trägt dich durch alle deine Leben und steckt in deiner eigenen Göttlichkeit. Sie ist in dir verwurzelt, und jeder Mensch kommt im Laufe seiner Leben an den Punkt, sie wieder zu erkennen: die Heilkraft in sich selbst. Sie wird dich verwandeln und zu einem Menschen machen, der alles, was er um sich herum sieht, so annehmen kann, wie es ist, auch wenn es nicht seiner persönlichen inneren Wahrheit entspricht. Du wirst nicht wie früher dagegen ankämpfen müssen und es als etwas erkennen, das gegen dich gerichtet ist, sondern dass du wie alle anderen das Spiel des Lebens spielst. Und in dem Moment, in dem dieser Gedanke wie ein Fingerschnipsen in deiner Wahrheit auftaucht und sich entwickelt, kannst du liebevoller, toleranter und einfühlsamer mit den Menschen um dich herum umgehen – auch mit dir selbst.

Heilung beginnt immer auf der spirituellen Ebene und pflanzt sich über die Gedanken und die Gefühle fort, bis sie im Körper ankommt. Umgekehrt entsteht auch Krankheit sehr oft in der Konfrontation, die ihr in euren Gedanken und Gefühlen mit einer Situation aufbaut, die ihr nicht lösen könnt, nicht lösen wollt, in der ihr starr werdet, bis sie sich in der Körperlichkeit manifestiert. Und so, wie sie sich manifestiert hat, braucht sie auch die Lösung. Sie will sich aus der Körperlichkeit erlösen. In vielen Fällen geschieht das durch Bewusstseinsveränderung, manchmal nimmt ein Mensch das, was ihn aus der Gesundheit herausgeworfen hat, mit in den Übergang, um es dann im nächsten Leben zu lösen.

Es ist also nicht so, dass euer Spiel nur auf dieses Leben beschränkt ist, nein, es ist ein unendlich weites Feld. Es gibt alle Variationsmöglichkeiten, die ihr euch vorstellen könnt. Aber jedes Mal, wenn das Bewusstsein des eigenen Seins in eurem spirituellen Zentrum einen kleinen Schritt weitergeht, verändert sich im Gesundheitsbild eurer eigenen Persönlichkeit vieles, und ihr könnt euch darauf verlassen, dass jeder Impuls, der von hier ausgeht, über eure Gedanken und Gefühle euren Körper erreicht, jede eurer Zellen, und sie zum Strahlen und Leuchten bringt. Jede Zelle will euch dienen und sich mit euch entwickeln. Jedes Mal, wenn ihr das in euch fühlt, geht ein Impuls der Heilung von euch aus.

Fühlt, dass ihr viel mehr für euch tun könnt, als ihr manchmal denkt. Fühlt, dass es nicht nur darauf ankommt, genug zu trinken, den Körper möglichst gesund zu ernähren, um dann eine innere Gesundheit in allen Körperlichkeiten zu haben, sondern denkt daran, dass die Ebenen der Gedanken, wenn sie sich gegen euch selbst richten, ein viel größeres Gift sein können als eine nicht so ausgewogene Ernährung. Alles, was ihr denkt, wird sich in euch niederlassen, in euch festigen, und eure Zellen entweder mit Freude und Glück beschenken, oder sie belasten und in die Krankheit führen.

Eine innere Einstellung, in der ihr dem Moment nahe seid und Glück fühlt, ist die beste Voraussetzung für eine lebenslange Gesundheit in eurem Körper. Je mehr inneres Glück ihr in euch fühlen könnt, desto klarer und deutlicher werden eure Zellen jubilieren und euch mit Licht beschenken. Fühlt, dass ihr hier manchmal für euch etwas mehr tun könnt, als ihr es im Moment tut. Fühlt, dass ihr hier an einem Punkt seid, an dem ihr selbst Veränderung hervorrufen könnt. Gesundheit hängt von der inneren Wahrheit ab, die ihr lebt – mehr und mehr.

Wenn die neuen Zeiten sich so entwickeln, wie ihr es im Moment spürt, werden die Gedanken und Vorstellungen, die in euch sind, noch viel schneller Wirklichkeit werden als in der jetzigen Realität. Die Klarheit des Denkens und Fühlens wird dann eine noch bessere Voraussetzung dafür sein, in allen euren Zellen gesund zu sein. Und ihr werdet mit eurem Denken und Fühlen nicht nur euch selbst gesund erhalten, sondern alles beeinflussen, was um euch ist. So, wie ihr es jetzt durch eure Taten erlebt, durch das Tun der Menschheit auf diesem Planeten, werdet ihr es in Zukunft mehr und mehr auch über die Gedanken und Gefühle erleben, die sich schneller auswirken als noch vor zwanzig oder dreißig Jahren.

All das ist mit eine Voraussetzung dafür, dass ihr in den höheren Modus kommt, in den Modus der nächsten Dimension, in der Gedanken und Gefühle schnell und klar in die Realität umgesetzt werden. Alles, was ihr jetzt dafür tut, sind Vorbereitungen auf diese Zeit, Vorbereitungen darauf, dass sich jeder Gedanke und jedes Wort schnell und deutlich umsetzen und realisiert werden.

Euer Mitschöpfertum beginnt genau an dieser Stelle, und das Zentrum eures Mitschöpfertums ist die Ebene eurer Spiritualität, das Erkennen der Wahrheit, wie sie im Moment für euch ist. Über diese Erkenntnis entwickelt ihr in Zukunft immer mehr das Leben, das ihr lebt, und damit auch das Leben, das um euch ist: in euren Gärten, euren Parks, euren Wäldern, auf euren Feldern. Überall werdet ihr mit diesen Gedanken und Vorstellungen stärker wirken. Eine wunderbare Gelegenheit ist es, jetzt schon klarer zu werden und zu fühlen: „Wann bin ich mit meinen Gedanken aus meiner Mitte gerutscht? Wann habe ich mich von den dunklen Wolken meiner inneren Vorstellungen einfangen lassen und bin in eine Ebene geraten, die mir nicht guttut?"

Je öfter ihr das seht und erkennt, desto klarer wird es euch, wann ihr umschalten könnt. Wenn eine solche Vorstellung in euch auftaucht und ihr sie seht, gibt es die

Möglichkeit, sofort eine Umkehrung herbeiführen. Seid ihr erst in eine dunkle Wolke eures inneren Seins hineingefallen, hat sie eine lange Zeit die Kraft, euch in der Dunkelheit und Abgeschiedenheit zu halten, und es braucht mehr Mühe, aus diesen dunklen Tiefen wieder ins helle Licht emporzusteigen. Erkennt immer mehr, wann es euch aus dem Licht der Göttlichkeit eures Lebens herauszieht und dass nur euer Wille dafür ausschlaggebend ist, wieder in die Balance zu kommen. Der Wille in euch ist es, der hier entscheidend wirkt, und er ist gleichzeitig ein Zulassen. Das Zulassen des lichten, hellen Seins in dir, das Anerkennen deiner eigenen Liebe, das Fühlen des Lichts, wie es in dir wirkt, ist die Ebene, die Gesundung und Heilung verbreitet.

Gräme dich nicht, wenn du doch einmal in die Dunkelheit gefallen bist. Steh auf, genauso, wie du als Kind wieder aufgestanden bist, wenn du hingefallen bist. Steh auf und geh weiter. Versorge deine Wunden, die du dir geschlagen hast, und mach weiter. Geh weiter dem Licht entgegen, so, wie deine Seele es sich für dich wünscht.

ICH BIN Hilarion.

El Morya: Dein Mut, alles auszusprechen

ICH BIN *(Medium räuspert sich),* ICH BIN El Morya.

Ich musste diesen Kanal erst ein wenig freiputzen. Er war leicht belegt. Es ist so, dass dies von der eigenen Unsicherheit herrührt, von der mangelnden Klarheit und des mangelnden Mutes in euch. Mit dem, was ich euch anbiete, wird eine Reinigung und Klärung eures Ausdrucks erfolgen, und ihr werdet durch mich und die Kraft, die ich repräsentiere, spüren, dass ihr euch in eurem Ausdruck nach außen immer sicherer und besser darstellen könnt, dass sich alles, was in euch ist und herausgebracht werden will, besser und klarer ausdrückt, auch gegen innere Widerstände, die in einem mangelnden Selbstvertrauen oder in einer Überschätzung der eigenen Persönlichkeit liegen. Es geht hier um die Balance der Gegensätze in eurem Ausdruck.

Es gibt bei den meisten Menschen eine Unsicherheit, die sich entweder darin äußert, dass sie sich zurückziehen und wenig sagen, oder dass sie herausprahlen und -poltern, was eigentlich zu viel ist. Beides ist ein Ausdruck von Unsicherheit, von Disbalance in eurem Ausdruck. Ihr werdet manchmal selbst spüren, wenn sich in euch eine Unsicherheit einschleicht. Ich möchte euch den Mut und die Kraft geben, hier klar zu sein und in euch zu sehen, was ihr wirklich denkt und fühlt, um es dann selbstbewusst und deutlich zum Ausdruck zu bringen und dabei gleichzeitig eine Sprache, einen Ausdruck zu verwenden, der für alle begreifbar ist, und ihr trotzdem unmissverständlich ausdrückt, was ihr gerade wollt.

Die Disbalance dieses Ausdrucksgeräts, des Halschakras, ist oft von einer überdimensionierten Art des Stolzes, der Veränderung der Persönlichkeit in Richtung Überheblichkeit und eines Übermaßes an Egoismus geprägt. Es gibt innerhalb der menschlichen Entwicklung Zustände, in denen über dieses Chakra manipuliert wird, indem Menschen es bewusst nutzen, um andere in ihren Bann zu ziehen, ihnen ihren Willen aufzudrücken und zu zeigen, dass sie mit der Sprache, mit der Gestik, mit allem, was ihnen als Ausdruck zur Verfügung steht, mächtig und stark sind, um die Richtung vorzugeben. Das kennt ihr alle aus eigener Erfahrung und zum Teil aus der Geschichte. Ihr kennt das weite Feld der Manipulation und der Verdrehung von Wahrheit zur Genüge.

Wenn ihr spürt, dass ein Mensch nicht in seiner Wahrhaftigkeit ist und nicht aus seiner ehrlichen Überzeugung heraus handelt und sich darstellt, habt ihr oft ein Gefühl von: „Ich möchte lieber Abstand nehmen und mich aus dem Feld und der Aura dieses Menschen entfernen", und es ist gut, wenn ihr das tut. Gleichzeitig habt ihr manchmal ein Gefühl, übers Ziel hinausgeschossen zu sein, etwas gesagt oder getan zu haben, was euch im Nachhinein unangenehm ist. Und trotzdem konntet ihr in dem Moment nicht anders.

Wenn ihr das bemerkt, fragt euch: Woher kommt es, dass ich mich nicht so ausgedrückt habe, wie ich wollte? Was wollte ich denn ausdrücken? Was wollte ich wirklich sagen? Und was ist dabei herausgekommen? Was ist bei dem anderen angekommen? Spürt hier auf der einen Seite die Verantwortung, aber lasst euch auch nicht zu sehr von euren Ängsten und Beklemmungen leiten. Denn oft sind es genau die, die dem Ausdruckschakra einen Impuls geben, mit dem ihr dann übers Ziel hinausschießt.

Manchmal ist es so, dass ihr im Gespräch mit anderen Menschen so beeinflusst werdet, dass ihr gerne etwas dazu sagen wollt, eure Meinung ausdrücken möchtet, aber nicht zum Zuge kommt und das Gefühl habt, immer enger zusammengedrückt zu werden. Und dann kommt es plötzlich in euch zu einem Ausbruch, wodurch ihr eure Meinung so äußert, dass ihr übers Ziel hinausschießt.

Lasst es möglichst nicht so weit kommen. Bleibt so im Gleichgewicht und im Selbstbewusstsein in der Kommunikation mit anderen, dass ihr immer zum richtigen Zeitpunkt eure Meinung und Darstellung ausdrücken könnt. Das bedeutet: Seid klar, wenn ihr etwas sagen wollt. Äußert es deutlich und lasst euch nicht verdrängen. Es gehört dazu, präsent zu sein, bevor etwas gesagt wird. Es gehört dazu, bevor ihr euch mit Worten äußert, innerlich klar zu werden, dass ihr jetzt etwas sagen wollt und dies auch schon in das Feld hineinzugeben, indem ihr euch nicht zurückdrängen lasst, sondern präsent und mit allen in Verbindung seid.

Die Kraft und der Mut, die dazu erforderlich sind, sind immer im Feld *(Medium räuspert sich)*. Ich nehme dies jetzt als ein Beispiel für den Menschen, durch den ich spreche. Er hat die ganze Zeit versucht, sein Räuspern zu unterdrücken, hier also etwas zurückzuhalten, was er eigentlich schon lange hätte lösen können, doch er hat es nicht getan. Dadurch ist er in diese Situation gekommen. Nehmt es als ein wirklich kleines Beispiel dafür, was euch auch im Großen geschehen kann. ICH BIN so frei und habe es so genutzt. Ihr werdet spüren, dass auch ihr in Situationen kommt, in denen ihr ähnlich benutzt werdet, um euch zu zeigen, dass ihr mit den Ausdrucksmöglichkeiten besser umgehen könnt, wenn ihr freier werdet und nicht meint, auf eine Art und Weise funktionieren zu müssen, die allen anderen guttut, nur nicht euch selbst.

Seid also in euch klar, was und wie ihr etwas wollt, und lasst euch euren Ausdruck von niemandem verbieten, auch nicht von euch selbst. Dabei die Höflichkeit und die Etikette zu beachten, die im täglichen Umgang mit anderen Menschen notwendig ist, ist selbstverständlich. Aber seid klar und deutlich. Spürt, dass es wichtig ist, sich zu öffnen, um alle Anteile im Ausdruck, die nicht wahrhaftig sind, herauszufiltern und nach und nach aus dem Feld zu nehmen, das euch umgibt.

Ich unterstütze euch dabei, gebe euch den Mut und die Kraft. Ich unterstütze euch auch dabei, alle anderen Ausdrucksformen – euren Körper und eure Gefühle – so zu schulen, dass es sich wahrhaftig und gut für euch anfühlt, so zu sein, wie ihr seid, dass sich alles, was ihr seid, was ihr ausdrückt und wie ihr euch gebt, aus einer inneren Wahrhaftigkeit heraus darstellt und öffnet.

Immer wenn ihr glaubt, mit dem, was ihr gerade fühlt und denkt, nicht wahrhaftig zu sein, fragt euch tief in euch: „Warum ist das so? Welche Zwänge wirken auf mich? Welcher Druck von außen ist hier für mich fühlbar? Welche Ebenen der eigenen Erkenntnis müssen noch geöffnet werden, damit sich das verändern darf? Welche Klarheit ist noch erforderlich? Wo sitzen die Ängste in mir, die das nicht zulassen?" Wenn ihr das erkannt habt, fasst euch ein Herz und nehmt allen Mut zusammen, der in euch ist. Und wenn es davon scheinbar nicht genug gibt, nehmt ihn von mir. Er ist im Überfluss vorhanden, kann euch weitertragen und die Wahrhaftigkeit in euch deutlicher zum Ausdruck bringen.

Es ist ein Spiel, in die Balance des eigenen Ausdrucks und wahrhaftigen Seins zu kommen. Bei diesem Spiel seid ihr mehr und mehr gefragt. Je mehr ihr euch nach oben öffnet, je mehr ihr euch den Geistigen Welten öffnet, desto mehr ist diese Wahrhaftigkeit des Ausdrucks durch euch gefragt. Ihr werdet euch nicht gleichzeitig den Geistigen Welten öffnen können und im Inneren verzagt und ängstlich sein. Es passt nicht zusammen. Je mehr ihr euch den Geistigen Welten und ihren Wahrheiten öffnet, desto mehr öffnet ihr auch euren eigenen Ausdruck, um diese

Wahrheiten in dem Maße weiterzutragen, wie es im Moment in eurer Veränderung richtig und gut ist. Und nach und nach kommen immer mehr Anforderungen an eure Wahrhaftigkeit zu euch, bis ihr in vollkommener Klarheit und kraftvoller Ausdrucksweise alles nach außen bringt, was in euch ist.

Der Mut, das zu tun, ist eine der größten Herausforderungen in einer Zeit, in der es so viele Wahrheiten gibt, in der jeder Mensch, der irgendetwas herstellt, produziert und auf dem Markt verkaufen will und dies als die einzige Möglichkeit preist, die es gibt, um etwas Gutes zu bewirken. Auf diesem Markt der Möglichkeiten, der nicht nur die Produktion und die Mittel, die zur Verfügung stehen, sondern auch die Wahrheiten darstellt, die in der Werbung vermittelt werden, ist ein großes, unsicheres Feld entstanden, in dem viele auf eine Art und Weise manipuliert werden, wie es sie in dem Maße auf dieser Erde noch nicht gegeben hat.

Hier die eigene Wahrhaftigkeit zu finden, sich durch diesen Wust von Verwicklungen und Halb- bis Unwahrheiten hindurchzufühlen und das zu finden, was für *dich* richtig ist, ist eine Herausforderung dieser Zeit. Zu sehen: „Was ist hier für mich wahr? Was fühlt sich für mich richtig an?", um dann auch dazu zu stehen und das zu nutzen, was für *dich* gut ist. Also nicht nur der äußere Ausdruck und dein Inneres sind wichtig, sondern auch das, was an Ausdruck, Wahrheit, Information auf dich zukommt, für dich zu filtern und zu erkennen: „Was passt zu dem, was ICH BIN? Was geht in Resonanz mit mir?" Auch das ist ein wichtiger Faktor, den jeder von euch immer wieder mit berücksichtigen sollte.

Ihr seid in einem Feld von Schwingung, die unterschiedlich mit euch in Resonanz geht. Je klarer, schöner, kraftvoller und ehrlicher euer eigener Ausdruck wird, desto eher könnt ihr die feinen Schwingungen von Unwahrheiten, die euch entgegenkommen, erkennen, dort hineinspüren und die Nuancen von Manipulation wahrnehmen, die euch vielleicht in eine bestimmte Richtung bewegen möchten. Es ist ein Spiel, und ihr spielt alle mit. Und ihr seid – jeder auf seine Art – zu Meistern und Meisterinnen dieses Spiels geworden – sich auszudrücken und Ausdruck entgegenzunehmen und zu verarbeiten. Es ist ein ständiges Wechselspiel in der Kommunikation.

Das, was ich jetzt mit euch mache, gehört auch zu diesem Spiel. Ihr sollt genau spüren: Wo liegt für euch die Wahrheit? Könnt ihr das annehmen, was ich jetzt hier sage? Geht es in Resonanz mit euch? Wo sind hier Grenzen? Wo bin ich mit meiner Wahrheit nahe bei euch, und wo fühlt ihr es vielleicht nicht so? Schaut auch in der Geistigen Welt darauf, was zu euch passt. Schaut auf die Informationen, bei denen ihr fühlt, dass sie für euch richtig sind. Auch hier gibt es Schwingungen, die nicht immer zu euch passen. Es müssen deshalb keine Unwahrheiten sein, es ist jedoch möglich, dass das, was durchgegeben wird, momentan nicht zu euch passt. An einem anderen Zeitpunkt, wenn ihr auf der Spirale eures Lebens weitergegangen seid, ist es vielleicht passender.

Sucht euch immer das, was zu eurem Sein, zu eurem Ausdruck dazugehören könnte, was in Harmonie und Resonanz mit euch ist und erkennt mehr und mehr, dass sich dann alles auf den Punkt zubewegt, an dem ihr eure eigene Wahrheit immer mehr verfeinert. Heute ist das, was ihr über eure Welt denkt und fühlt, nicht mehr das, was ihr vor zehn oder zwanzig Jahren gedacht oder gefühlt habt. Trotzdem war es zur damaligen Zeit eure Wahrheit, und ihr habt euch so ausgedrückt, wie es zu dem Zeitpunkt möglich war. Doch heute ist es anders, und morgen wird es wieder anders sein.

Ihr seid also mit eurem persönlichen Ausdruck im Wandel der Zeit immer in der Veränderung. Bleibt nicht stehen. Lasst euch darauf ein, in diesem Fluss des Lebens mitzufließen und tatsächlich morgen eine andere Wahrheit zu verkünden als heute, weil ihr euch verändert habt. Bleibt nicht starr mit dem stehen, was einmal als Wahrheit erkannt wird, sondern entwickelt es in und mit euch weiter, bis ihr am Ende dieses Lebens in einen Übergang geht, den ihr euch so vielleicht nicht vorgestellt habt, wo dann eine neue Wahrheit und eine neue Form des Ausdrucks auf euch warten.

Diese Ebenen in euch werden jetzt mehr und mehr geklärt. Ihr nehmt aus den Engelwelten die Energien auf und lasst sie von Chakra zu Chakra in euren Körper sinken. Jeder Bereich bekommt Reinigung und Klarheit. Je klarer und offener eure Energiesysteme sind, desto besser könnt ihr das, was ihr empfangt, auch ausdrücken. Doch es kann nur dann empfangen und ausgedrückt werden, wenn es mit euch in Resonanz ist. Niemand kann etwas empfangen und weitergeben, mit dem er oder sie nicht einverstanden ist. Niemand kann etwas ausdrücken, was nicht mit seinem eigenen Feld in Resonanz geht. Deshalb ist bei der inneren Kommunikation auch mit uns immer eine Klarheit des eigenen Seins wichtig, damit das, was ihr empfangt, auch so weitergegeben werden kann, wie es sich für euch anfühlt.

Jeder Mensch ist ein Unikat. Und wenn zwei Menschen dieselbe geistige Wesenheit channeln, werden zwei unterschiedliche Ausdrucksformen daraus entstehen, weil immer die Färbung des Menschen mit hineinspielt und der Eindruck, der von oben kommt, mit dem Ausdruck des Menschen vermischt und verbunden wird. Nicht nur die Stimme. Nein. Es sind auch die inneren Anteile des Menschen, der hier manches nicht durchlässt, weil es noch nicht *seiner* Wahrheit entspricht, und dafür anderes mehr betont, womit er in Resonanz ist. Jeder empfängt Botschaften auf seine persönliche Art und Weise, ob er sie im Inneren empfängt und nur für sich nutzt oder sie nach außen gibt.

Deshalb ist es wichtig, immer wieder in die Klarheit des eigenen Seins und Ausdrucks zu kommen, und ICH BIN euch dabei behilflich. Ich gebe euch den Mut und die Kraft, wenn ihr mich anruft, hier Klärung und kraftvolle Balance herzustellen. Ich gebe euch den Mut dazu, euch auch so zu äußern, wie es vielleicht gerade nicht dem allgemeinen Mainstream entspricht. Ich gebe euch – wenn ihr das wollt – alle Unterstützung für eure eigene Ausdrucksmöglichkeit. Ruft mich an, wenn es euch angenehm ist, und lasst den blauen Strahl des Mutes und der Kraft in euren Ausdruck mit hineinpulsieren, immer wenn ihr daran denkt *(jemand hustet),* und macht euch frei von allem, was eure Stimmbänder belegen könnte, seien es Zweifel oder andere Dinge, die sich hier festsetzen möchten. Werdet freier! Werdet freier in eurem Ausdruck und seid mutig und klar! Das ist meine Botschaft an euch.

ICH BIN El Morya.

El Morya:
Der Ausdruck deiner derzeitigen Persönlichkeit

ICH BIN El Morya.

Ich komme zu euch auf dem blauen Strahl, mit Kraft, Mut und der Energie, die euch in eurem Ausdruck, in eurer Selbstverständlichkeit stärken kann, die euch Mut macht, das auszudrücken, was im Moment ist, sei es durch euren Körper, eure Gefühle, die Sprache oder nur durch euer Sein, so, wie es ist und sich jetzt anfühlt.

Alles, was ihr jetzt seid, ist gut und richtig. Alles, was ihr jetzt fühlt und in euch spürt, will sich zeigen. Und jedes Mal, wenn ihr das nicht zulasst, es unterdrückt und euch zuschnürt, kann es passieren, dass eure Kehle eng wird und es sich anfühlt, als ob ihr in einem Gefängnis sitzt.

Die Enge, die ihr in eurem Ausdruck spüren könnt, wird sich in jedem Leben Bahn brechen, und das Gefängnis wird geöffnet – manchmal durch euch selbst, indem ihr den Mut fasst, den ihr braucht, um euch tatsächlich ganz und gar zu öffnen, ein anderes mal stößt es euch von außen an, und ihr geht in einen sogenannten Prozess, der scheinbar nicht von euch selbst gesteuert ist. Alles, was von außen auf euch zukommt, sind ebenfalls Teile eures eigenen Seins, eures eigenen Selbst, die euch dabei helfen, in eine Sicherheit und Kraft zu kommen, die euch dann neu erkennen lässt, wer ihr wirklich seid, und in der ihr euch so äußern könnt, wie ihr euch gerade fühlt.

Ihr werdet immer stärker spüren, dass der Mut, tatsächlich die eigene innere Wahrheit auszudrücken, eine wirkliche Befreiung ist, eine Befreiung aus dem Gefängnis eures Denkens, das sich dadurch entwickelt hat, dass ihr glaubtet, den anderen in der Gesellschaft dienen zu müssen, ihnen zuarbeiten zu müssen, so, wie sie es erwarteten, dass ihr glaubtet, auf eine Art und Weise in diesem Leben sein zu müssen, wie es rundherum von euch gewünscht wird, damit ihr funktioniert und euch geliebt fühlt.

Die meisten Menschen gehen durch diesen Prozess der Erwartungen, Wünsche und Forderungen während ihrer gesamten Kindheit und kommen irgendwann im Erwachsenenleben an den Punkt, an dem sie beginnen, sich über sich selbst mehr Gedanken zu machen, zu fühlen, was sie wirklich in ihrem Innersten empfinden und ausdrücken möchten, ohne die Erwartungshaltungen anderer zu erfüllen. Wenn sie sie dann in ihrer eigenen Wahrheit doch erfüllen, gibt es Effekte, die sich ergänzen. Aber wenn sich die eigene Wahrheit anders anfühlt als die Erwartungen, die die Gesellschaft an dich hat, stehst du meistens in einem Konflikt zwischen den tatsächlichen inneren Wünschen und Bedürfnissen, dich auszudrücken, dein Sein in dieser Welt zu leben, und dem, was die Gesellschaft vorgibt, welche Regeln und Vorgaben dich einschränken.

Mancher fühlt sich durch die vielen Formen, die von außen auf ihn wirken, eingeengt, eingeschränkt. Dies zu sehen, zu fühlen und dann doch den Mut zu entwickeln, das Eigene hervorzubringen, in den eigenen Ausdruck zu bringen und sich dann zu öffnen, auch mit Meinungen, Gedanken und Worten, die nicht in den Mainstream dieser Gesellschaft passen, erfordert unendlichen Mut. Und manchmal braucht es Klärung, gerade in diesem Bereich eures Energiezentrums, das ab und zu etwas belegt wirkt und mit kleinen Räuspern reagiert, wenn ihr euch zurückhaltet. Zeitweise sind die gesellschaftlichen Zwänge so stark, dass Gruppen von Menschen ihr Leben so, wie sie es fühlen, kaum oder nur bedingt in der Öffentlichkeit ausleben können und sich mehr in den ganz persönlichen Bereich zurückziehen.

In vielen Gesellschaften eurer Erde gehört es heute noch dazu, dass nicht jeder seine inneren Überzeugungen leben kann, sei es auf spirituellem oder sexuellem Gebiet, sei es mit Meinungen und Gedanken, die in euch sind, oder mit Wünschen, die ihr an das Leben habt. Und immer dann, wenn hier Einschränkungen sind, gibt es in euch eine Abwägung zwischen dem inneren Ausdruck, der sich Bahn brechen möchte, und der Angst davor, ausgegrenzt zu werden, bis dahin, für das bestraft zu werden, was ihr denkt und fühlt.

Regeln sollen eine Gesellschaft funktionabel halten. Manchmal aber werden Regeln auch deshalb gemacht, damit eine kleine über eine große Gruppe von Menschen herrschen kann. Ihr seid dann nach und nach gefordert, Position zu beziehen. Wo ihr jetzt lebt, ist es relativ einfach. Ihr könnt vielfältige Meinungen ausdrücken, ohne dafür sanktioniert zu werden. In vielen anderen Teilen dieser Welt ist dies noch anders, und der eigene persönliche Ausdruck wird noch deutlicher zurückgenommen und mehr dem Gesamtgesellschaftlichen angepasst, sodass ihr häufig von Menschen und Gesellschaften hört, die scheinbar auf allen Ebenen eine gleiche Meinung haben. Die Entwicklungsprozesse, die hier geschehen, werden sich noch weiter individualisieren, und in jeder Gesellschaftsform dieser Erde sind diese Prozesse anders und damit auch für jeden einzelnen Menschen.

Heute ist der Tag, an dem sich der Ausdruck deiner eigenen Persönlichkeit immer mehr stärken will. Heute ist der Tag, an dem ich mit der Energie des Mutes und der Kraft bei jedem von euch bin, um euch aufzufordern, tatsächlich zu fühlen, wie ihr seid, und euch zuzutrauen, das zu sagen, was ihr im Innersten wirklich fühlt. Und während die Energie im Raum ist, werden sich diese Ebenen reinigen. Die Ebenen des Chakras, das für die Ausdrucksform zuständig ist, werden sich immer mehr reinigen. Die Stimme wird dann klarer, deutlicher, kraftvoller, und die eigenen Ausdrucksmöglichkeiten werden vielfältiger, wobei sich der Ausdruck, der in eurer Gesellschaft hauptsächlich durch die Stimme geschieht, nicht nur durch die Stimme äußert. Jede Art, sich darzustellen, zum Beispiel eure Körperhaltung, ist Teil eures Ausdrucks, und ihr könnt das verkörpern, was ihr tatsächlich im Moment seid. Habt den Mut dazu, euer eigenes Sein nach außen zu bringen und die eigenen Wahrheiten auszusprechen.

Dieses Chakra des Ausdrucks ist auch der Bereich, in dem sich die intellektuellen Fähigkeiten entwickeln, die mit dem Ausdruck einhergehen. Die intellektuellen Fähigkeiten des Verstandes, des inneren Wissens, die sich mehr und mehr auch aus der Geistigen Welt durch euch ausdrücken wollen, kommen durch diesen Ausdruck nach außen. Alles, was ihr über die Übersetzungsmöglichkeiten im sechsten Chakra und die Empfangsmöglichkeiten aus dem siebten Chakra gehört habt, finden hier in eurem Ausdruck auch die Resonanz und wollen sich in die Welt hineingeben. Alles, was ihr aufnehmt, auch aus den Geistigen Welten, will sich hier Ausdruck verschaffen. Und ihr seid nicht nur dieser Körper, dieses Wesen, sondern ihr seid gleichzeitig auch das hohe geistige Wesen, das diesen Körper bewohnt. Und auch dieser Teil von euch will sich Ausdruck verschaffen.

Es geht darum, die himmlischen Kräfte, die in jedem von euch sind, auf der Erde auszudrücken, zu zeigen und zu verbreiten, so, wie du sie spürst. Und es geht darum, die eigenen Körperempfindungen, das eigene Sein im Körper und in den Gefühlen so auszudrücken, wie es ist. In eurem Ausdruckschakra verbinden sich die Elemente von oben und unten, und sie wollen sich beide ausdrücken. Oft kommt es hier zu inneren Konflikten, weil ihr glaubt, nicht alles aussprechen zu dürfen und dass einige eurer Gefühle sich so schlecht anfühlen, dass sie nicht in diese Welt passen oder nicht dem entsprechen, wie ihr das Leben seht.

Manchmal kommen auch Gefühle des Hasses, der Angst und der Trauer ins Ausdruckschakra und wollen sich zeigen. Durch den Ausdruck auch der Dinge, die ihr zum Teil als sehr negativ betrachtet, gibt es eine Möglichkeit der Befreiung von Abweichungen in den negativen Pol eures Seins. Und wenn ihr es nicht in eurem Körper vergrabt, sondern in den Ausdruck bringt, habt ihr eine viel größere Möglichkeit, Erlösung von euren Bereichen zu bekommen, die nicht so angenehm sind und die ihr gerne loswerden möchtet.

Vieles von dem, was ihr ausdrücken könntet, ist noch in den Zellen gespeichert und vergraben. Und an Tagen wie diesem kommt manches an die Oberfläche. An Tagen, an denen ihr euch nicht so sehr mit den irdischen Gegebenheiten befasst, die euer tägliches Leben beeinflussen, sondern in die Innenschau geht, auf eure Gefühle hört und zulasst, dass sich die Dinge in euch entwickeln, die sonst verborgen sind, werden Klärungen möglich. Begrüßt diese Möglichkeiten, die in euch entstehen. Dankt euch für jeden Moment, in dem etwas in euch aufsteigt, das sich zeigen möchte.

Nutzt die Gelegenheiten, spirituelle Gemeinschaften mit eurem Ausdruck zu beglücken, der vielleicht tief in euch verborgen und nicht so angenehm ist. Denn gerade in solchen Gemeinschaften ist es möglich, manches zu transformieren, was sonst nicht so leicht ist. Gönnt es euch, euch ganz zu zeigen. Gönnt es euch, das Innere, was ihr fühlt, zu offenbaren. Traut euch, euch nackt zu zeigen, ohne Schleier und Verhüllungen. Ihr seid mit allem, was in euch ist, auf einem wichtigen Weg durch die Welt, in dem sich der Ausdruck eures Seins immer mehr verstärken und zeigen will und sich die Kräfte des Himmels und der Erde in euch so verbinden, dass Himmel und Erde einen gemeinsamen Ausdruck in euch schaffen.

Die Wirklichkeit eures Seins, die Wahrheit eures Lebens, des individuellen Seins eurer derzeitigen Persönlichkeit, will sich ausdrücken können. Immer wenn ihr das nicht gestattet und es langfristig unterdrückt, werdet ihr euch das eine oder andere Zipperlein holen, denn alles, was sich nicht ausdrücken lässt und im Inneren vergraben ist, wird sich in der einen oder anderen Zelle eures Körpers zuerst als kleine Verspannung und später als eine größere Manifestation niederschlagen. Gönnt euch das freie Fließen eures Ausdrucks – immer und immer wieder.

Sucht euch Gemeinschaften, in denen das möglich ist, und Gleichgesinnte, die dies auch leben möchten. Traut euch, es miteinander zu teilen. Wenn ihr es nicht in eurem Beruf oder im privaten Umfeld ausleben könnt, sucht euch Menschen, die auf einem ähnlichen Weg sind und mit denen ihr euch so vernetzen, so verbinden könnt, um diesen Teil eures Lebens mit ihnen zu teilen. Dazu gehört es auch zu akzeptieren, dass andere in der Gruppe manchmal nicht so gut drauf sind, dass Trauer und Schmerz sich ausdrücken wollen. Es gehört aber auch dazu, dass Freude und Schmerz miteinander tanzen und beides zur Ausdrucksform des menschlichen Seins gehört. Fühlt alles, was in euch ist, und entwickelt mehr und mehr den Mut, es zu teilen, es auszudrücken, euch selbst so zu leben, dass ihr das Gefühl habt, frei zu sein, frei im Ausdruck dessen, was ihr im Moment lebt.

Nehmt euch auch die Freiheit, es zu ändern, denn euer Ausdruck wird nicht über die gesamten achtzig bis hundertfünfzig Jahre eures Lebens gleich bleiben. Es wird sich verändern. Ihr werdet den persönlichen Ausdruck in einem Alter von zwanzig Jahren anders leben als mit neunzig Jahren. Auch das gehört dazu: Die Erfahrungen des Lebens mit hineinzunehmen und euch in euren Ausdrucksmöglichkeiten zu verändern, und alles, was zum jeweiligen Zeitpunkt entsteht, so wahrzunehmen, dass es sich durch euch vollkommen zeigt. Zeigt euch so, wie ihr seid. Öffnet euch tatsächlich. Je mehr ihr das tut, desto mehr werden sich andere Menschen in eurer näheren und weiteren Umgebung öffnen. Wenn sie sich im Moment noch nicht trauen, kann es sein, dass sie sich zunächst abwenden und erst später wieder dazukommen.

Aber ihr werdet eine Kultur damit entwickeln: die Kultur, jede Form des Lebens im Inneren anzunehmen. Ihr werdet eine größere Toleranz entwickeln, nicht nur euch selbst, sondern auch allen anderen gegenüber, mit denen ihr zusammenlebt. Dadurch, dass ihr die verschiedenen Wahrheiten des Ausdrucks nebeneinander stehen lassen könnt, werdet ihr eine Vielfalt im Leben erleben, die euch die Ablenkungen eurer normalen Konsumgesellschaft öde und fad erscheinen lässt. Ihr werdet also ein intensiveres Leben haben, das sich tatsächlich am Leben orientiert und nicht an den äußeren Anteilen eurer Konsumgesellschaft und verschiedensten Medien, die euch vom wahren Leben ablenken. Lebt das wahre Leben in euch und lasst zu, dass auch andere ihr wahres Leben so ausdrücken dürfen, wie sie es im Moment fühlen. Teilt es miteinander und respektiert und achtet den Ausdruck des anderen, gleichgültig, was ihr dabei im Moment empfindet.

Nehmt euer Empfinden als das wahr, was in Resonanz zu dem geht, was ihr hört. Und fühlt, dass sich auch dadurch wieder euer Sein und Gefühl des Soseins, wie ihr jetzt seid, verändert, dass ihr jedes Mal in einem neuen Feld ankommt, das sich immer mehr weitet. Je mehr ihr das tut, desto größer wird das Verständnis der Menschen untereinander über die intellektuelle Ebene. Vieles, was ihr miteinander teilt, wird ganz anders ankommen, als wenn ihr es nur vermutet und euch Gedanken darüber macht. Viele dieser Gedanken sind Hinweise auf das Erleben in der Vergangenheit, und ihr stellt Bezüge her, die in eurem Inneren logisch und verständlich, aber oft nicht mit den Ansichten und Gedankengängen der anderen kompatibel sind, sondern sie haben ihre Wahrheit auf anderen Wegen gelernt.

Je mehr ihr davon hört und in eurer Persönlichkeit spürt, desto mehr könnt ihr die Vielfalt erkennen, die ist, und desto leichter fällt es euch, euren Ausdruck als einen Teil dieser Vielfalt zu öffnen. Ihr werdet nicht in die Gleichförmigkeit gehen, nicht nach bestimmten Rastern und Schemata funktionieren müssen, sondern das, was ihr fühlt, in den Ausdruck bringen können. Und wenn ihr euch gegenseitig Mut macht, wird eine innere Belohnung in jedem von euch empfangen, nämlich, dass die Persönlichkeit, die jetzt ist, tatsächlich so sein darf, wie sie ist. So sein zu dürfen, wie sie gerade sind, sich so geben zu können, wie sie sich gerade fühlen, ist das größte Geschenk, das ihr den Menschen machen könnt, die mit euch durch dieses Leben gehen.

Gebt euch gegenseitig dieses Geschenk. Lasst euch gegenseitig den Mut zuwachsen, klar und frei in eurem Ausdruck zu sein, auch wenn ihr euch morgen oder übermorgen schon wieder eines anderen Ausdrucks bedient, auch wenn die Wahrheit, die ihr heute ausdrückt, nur eine derzeitige Wahrheit ist, die morgen schon überholt sein kann. Ihr dürft sie trotzdem ausdrücken und euch austauschen. Tut dies mehr und mehr. Lasst euch immer wieder darauf ein, so authentisch zu sein, wie es nur eben geht.

Fühlt, wo ihr Rollen spielt, wo ihr anderen zuliebe bestimmte Bereiche eurer Wahrheit ausklammert. Fühlt, wo ihr in die eigene Authentizität gehen könnt, in die persönliche Wahrheit, die sich ausdrücken will, und lasst dies immer mehr geschehen, so, wie es in euch geschehen will.

ICH BIN El Morya.

Sanat Kumara:
Die Kristallwelt der sieben Sonnen

Schließe deine Augen und begib dich mit mir auf eine Reise, bei der du spürst, wie dein Atem langsam ein- und ausströmt. Du fühlst, wie sich dein Körper mehr und mehr entspannt und ein wenig tiefer sackt, ein wenig mehr loslässt und in die Entspannung kommt. Und während dein Körper sich immer mehr in die Ruhephase begibt, wird dein Geist immer wacher und heller und begibt sich aus deinem Körper heraus auf eine Reise. Es ist, als ob es dich hinauszieht, so, als wolltest du ohne die Begrenzung deines Körpers einmal etwas Neues sehen, erleben und spüren.

Schon bist du auf dem Weg hinaus in den Weltraum. Du siehst noch eine Zeit lang die Erde grün und blau unter dir, schaust dann aber nach oben in das Firmament der Sterne, in das Glitzern der hellen Himmelskörper, der Milchstraße. Es ist, als ob du in einer klaren Nacht unendlich tief in das All hineinsehen kannst und selbst die kleinsten und unscheinbarsten Lichtpunkte am Himmel noch siehst. Dort zieht es dich hinein, in dieses Lichtermeer, in dieses Sternenmeer, in diese leuchtenden Punkte am Firmament. Und du fühlst, wie du mehr und mehr hinaufschwebst, weiterschwebst, und es gibt auch keine Geschwindigkeitsbegrenzungen. Du bist hier völlig frei – mit einem Gedanken bist du bei dem einen Sternenhaufen, und mit dem nächsten wieder bei einem anderen. Und so kannst du in kürzester Zeit die Milchstraße durchwandern, das Universum erkunden und es aus allen Blickwinkeln betrachten. Und du siehst, dass die Sterne am Himmel eine wunderbare Kraft haben, ein wunderbares Licht ausstrahlen, und hier im Raum zwischen ihnen das Licht ganz anders ist, als du es auf der Erde gewohnt bist.

Nach einer Zeit siehst du in der Ferne etwas, das nicht hell wie ein Stern, sondern scheinbar farbig glitzert. Es weckt deine Neugier, und du lässt dich darauf zutreiben. Was du hier siehst, ist wie ein Kleinod mitten im All: ein Kreis von Sternen in den unterschiedlichsten Farben. Du siehst einen fast dunkelroten und einen fast weißen Stern, und dazwischen alle Facetten von Farben. Wie an einer Perlenschnur aufgezogen sind alle Farben eines Regenbogen vorhanden. Du siehst, dass es sieben Sterne sind, die in allen Farben leuchten und in einer solchen Intensität strahlen, wie du es noch nie gesehen hast. Das Rot schimmert in allen Facetten, und dann dieser hellrosa Stern, der noch ein wenig anders schimmert. Und auch hier siehst du Schattierungen von Rosa, die du vorher noch nie gesehen hast. Bei dem gelben Stern ist es ähnlich: Von einem hellen Gelb, das fast ein Weiß ist, bis hin zu einem dunklen Gelb, das wie ein Eidotter aussieht, sind alle Facetten der Farbe Gelb in diesem Stern vorhanden.

Der nächste Stern leuchtet in einem Grün, wie du es in diesen Facetten kaum kennst. Von dem hellen zarten Grün der ersten Blätter im Frühling, bis zum satten Dun-

kelgrün im tiefsten Sommer sind alle Grünschattierungen enthalten, bis sie fast ins Braun übergehen.

Der nächste Stern ist hellblau. Und auch dieses Blau hat alle Facetten, von fast durchscheinendem Blau, das fast an ein Weiß erinnert, bis hin zu einem dunklen Blau, das kaum noch Weiß enthält und in einer Strahlkraft glitzert und glänzt, wie du es so nicht kennst.

Der letzte Stern schimmert in allen Violetttönen, die du dir nur denken kannst. Darüber ist ein Stern aus reinem, weißen Licht, so hell und klar, dass du fast nicht hinschauen kannst und es in den Augen schmerzt.

Die Sterne bilden einen riesigen Kreis im Weltall, und in der Mitte dieses Kreises siehst du einen wunderschönen, riesengroßen Planeten. Es zieht dich geradezu magisch an, dir diesen Planeten näher anzuschauen. Während du darauf zuschwebst, siehst du, dass dieser Planet aus reinem Kristall ist. Es ist ein Planet, der nur aus kristallinem Material besteht, aus Stein, der jedes Licht, das ihn trifft, spiegelt und zurückwirft. Auf diesem Planeten gibt es Täler und Berge, Ebenen und Schluchten, Erhebungen, die spitz zulaufen, und sanfte Hügel, die sich aneinanderreihen. Während du darauf zuschwebst, siehst du, wie sich die Farben aller Sonnen, die um diesen Planeten sind, auf ihm spiegeln. Je nachdem, in welchem Winkel das Licht der verschiedenfarbenen Sonnen auf den kristallinen Planeten trifft, spiegelt er die entsprechende Farbe wieder.

Während du ihn ansiehst, kommt es dir so vor, als würde er sich ständig wandeln. Es ist ein Planet, der durch seine eigene Drehung, die er zwischen den sieben Sonnen hat, immer wieder eine andere Farbe reflektiert und ein andersfarbiges Licht zurückwirft. Du kannst dich gar nicht sattsehen an diesem Farbenspiel, das hier entsteht: von diesem strahlenden Weiß über Violett zu Blau, über Grün zu Gelb, Rosa und Tiefrot. Dazwischen siehst du die Farben in allen Nuancen, in allen Bereichen. Du siehst Farben vor deinem inneren Auge, die du in der irdischen Realität noch nie gesehen hast, von zarten Pastelltönen bis hin zu kräftigen Farben, die nur ihre eigene Farbe widerspiegeln.

Du beschließt, diesen Planeten genauer zu erkunden, und kommst langsam auf seiner Oberfläche an. Es gibt hier wirklich nur Kristalle, und sie sind so wunderschön, weil sie selbst keine Farbe haben, sondern die Farbe spiegeln, die von den Sternen kommt. Du bist auf einer Ebene gelandet, die von hohen Bergen umgeben ist, kristallinen Spitzen, die in dem Moment, in dem du landest, in einem dunklen Rot leuchten. Und du siehst dieses rote Licht am Horizont aufsteigen: Die rote Sonne geht gerade über dem Horizont auf und lässt die Gipfel der Berge, die fast durchscheinend sind, in ihrer kristallinen Form, in diesem roten Licht vor dir erstrahlen. Du siehst die rote Sonne durch die Berge hindurch aufgehen und fühlst, dass dieses Rot tief in dich hineingeht, dich tief berührt und auf eine so schöne und vollkommene Art von innen her stärkt, dass du das

Gefühl hast, in deinem Körper vollkommen zu sein, dass es nichts gibt, was dich aus dem Gleichgewicht bringen kann. Du spürst eine Sicherheit und Stärke, die dich von innen her aufrichten.

Während du auf dem kristallenen Planeten stehst, wird das Rot langsam größer, die Sonne steigt auf, erfüllt das ganze Tal und lässt es in ein wunderschönes Licht hineinwachsen. Während sie das Tal durchflutet und dich von allen Seiten umgibt, wandert die rote Sonne auch schon weiter. Sie scheint langsam über dem Himmel zu entschweben, und während der Planet sich weiterdreht, kommt eine rosa Sonne, zart und fast nicht wahrnehmbar, hinter der roten Sonne hervor und lässt die Gipfel, die eben noch knallrot waren, in ein zartes Rosa tauchen. Du fühlst, wie dieses zarte Rosa dich in deinem Körper berührt, in deinen Gefühlen, in deinem inneren Sein. Du fühlst, wie hier Beziehungen geklärt werden, wie das Rosa alles mit Liebe flutet, was geflutet werden will. Und dann badest du in diesem Licht. Und nachdem diese Sonne auch wieder das Tal geflutet hat und dich die reflektierenden Strahlen von allen Seiten her berührt haben, lässt du dich ganz darauf ein, alle deine Beziehungen neu zu sehen, in einem Licht der Liebe, des Verständnisses, das nicht nur von dir ausgeht, sondern alle anderen genauso sieht.

Nach diesem Schauspiel kommt eine Sonne über den Himmel, die in einem strahlenden Gelb leuchtet, fast golden. Die Spitzen der Berge wandeln ihre Farbe. Du siehst, wie das rosafarbene durch das goldene Licht ersetzt wird, wie sich die Spitzen und die Flanken der Berge und die Täler im Licht wandeln und ein helles, gelbes, kraftvolles Licht in dein Tal kommt. Du wirst von allen Seiten von dieser gelben Kraft, von der Macht der gelben Sonne umhüllt und bemerkst, dass du innerlich gestärkt wirst, an Kraft gewinnst und diese Kraft dich in allen deinen Entscheidungen unterstützt und dir die Möglichkeit gibt, klarer zu sein. Sieh, wie alle Facetten der Farbe Gelb durch dein Tal fluten. Je nachdem, wie die Flanken der Berge und Täler ausgerichtet sind, ist es ein helleres oder ein dunkleres Gelb. Von einem ganz hellen, fast durchscheinenden Gelb, bis hin zu einem fast goldenen Ton sind alle Farben in diesem Gelb enthalten, das diese Sonne ausstrahlt und das kristalline Gebirge rund um dein Tal reflektiert. Hier bist du vollkommen in deiner Macht.

Nachdem die gelbe Sonne weitergewandert ist, taucht am Horizont eine grüne Sonne auf, ein grünes Licht, das seine Strahlen in die Gipfel der Berge schickt und hier ein zartes Grün entstehen lässt. Du bemerkst, wie dieses zarte Grün über die Bergflanken hinunterwandert, wie ein Bach bis in dein Tal herunterfließt, und du fühlst dich angenehm berührt. Es ist fast so, als ob eine innere Herz-ensreinigung geschieht, als ob dieses Grün mit seinen sanften Tönen, die jetzt im ganzen Tal zu dir hin reflektiert werden und dich berühren, dich mitten in dein Herz trifft und hier eine Resonanz hervorruft, die dich ganz und gar im Herzen heilen lässt. Du fühlst, wenn die Strahlen dieser *grünen Sonne dich direkt oder über die Reflexion mit den Kristallen erreichen, wie du innerlich zu dir selbst findest, wie du in deinem Herzen ankommst. Diese grüne Sonne ist der große Heiler der Herzen. Und du spürst, wie das Licht dich von allen Seiten berührt, in allen Facetten, die in der Farbe Grün nur möglich sind.*

Dann kommt eine blaue Sonne, hellblau leuchtend. Und auch hier nehmen das kristalline Gebirge und dein Tal die Farbe auf und reflektieren sie je nach Schattierung in einem zarten Hellblau bis in ein Dunkelblau. Du fühlst dich von diesem Licht in eine Klarheit hineingehoben, in eine Sicherheit des Ausdrucks, dass sich alles, was du empfindest, klarer anfühlt, reiner, eine Klarheit bekommt, die du vorher nicht so gesehen und gespürt hast. Du gewinnst hierdurch auch Sicherheit, denn dieses Blau unterstützt dich dabei, alle deine Gedanken in Worte zu fassen, dich so auszudrücken, wie du es empfindest, und verbessert und stärkt die Klarheit deines Ausdrucks. Du lässt dich von allen Blauschattierungen, die die Berge und dein Tal zu dir zurückwerfen, einhüllen und bist klar in dir selbst.

Nachdem auch die blaue Sonne weitergewandert ist, über den Zenit hinweg, taucht schon die nächste Sonne auf, und erst erkennst du gar nicht, dass diese Sonne auch strahlt. Sie strahlt in einem so dunklen Violett, dass du das Gefühl hast, da wäre kein Licht. Und doch ist dieses Licht da, ein violettes Licht, das wie ein feiner Kranz an den Bergen beginnt und dann Stück für Stück in das Tal hinun-

terwandert, je höher die Sonne über den Horizont steigt. Licht von einem ganz hellen Violett, das fast ein Blau ist, bis hin zu einem dunklen Violett, durch das man fast nicht mehr hindurchsehen kann. Du siehst, wie alle Facetten des Violetts um dich sind und fühlst dich von dieser Farbe in deine Schöpferkraft hineingehoben. Und wenn dieses violette Licht in allen Farbnuancen dein Tal durchflutet, spürst du in deinem Inneren, dass du alle Möglichkeiten hast, die Dinge zu tun, die du tun möchtest. Du fühlst dich in deiner Schöpferkraft gestärkt und in deinem Sein so erhoben, dass du hier ein Gefühl der inneren Vollkommenheit entwickelst, ein Gefühl, dass alles so richtig ist, wie es jetzt ist, dass es nichts Falsches gibt, sondern alles seinen Platz hat und du genauso richtig an deinem Platz stehst, wie jeder andere auch. Eine Klarheit, eine Sicherheit, eine innere Überzeugung: Alles ist gut so, wie es ist.

Dieser Zustand bleibt eine Weile bestehen, und dann taucht über dem Horizont die weiße Sonne auf, und alle Farben, die vorher waren, werden zu einem hellen, durchscheinenden Weiß. Die Gipfel der Berge um dein Tal glitzern und glänzen in diesem hellen Licht. Sie sind durchscheinend. Dieses helle Licht scheint durch die kristallinen Strukturen hindurch, hüllt das ganze Tal ein, durchstrahlt die Berge, die es umgeben, und du bist ganz in diesem weißen Licht gebadet. Jetzt hast du das Gefühl, körperlos zu sein, reines Sein. Du bist jetzt in einem Zustand, in dem es keine Unterschiede mehr gibt, in dem alles so ist, wie es eben ist, in dem du nichts mehr unterscheiden *kannst. Du siehst in diesem hellen Licht weder dein Tal, noch die Berge wirklich, dieses Licht ist überall. Auch in dir ist dieses Licht, und du fühlst fast, wie auch du in deinem Inneren immer mehr von der kristallinen Struktur deiner Umgebung annimmst, wie deine Zellen nach und nach in diesem hellen Licht gebadet werden, wie auch du hell und klar leuchtest.*

In dem wunderbaren Zustand steigst du von dem kristallinen Planeten empor und schaust ihn dir aus der Entfernung an. Du siehst, wie die sieben farbigen Sonnen um diesen Planeten herumstehen und wie die verschiedenen Farben auf dem Kristallplaneten immer wieder auftauchen, je nachdem, wie er sich gerade dreht. Und er reflektiert alle diese Strahlen auch in das All. Er reflektiert alles, was ihn trifft, hinaus in den Raum. Und in dieser Drehbewegung erkennst du, wie er alle Farben ausstrahlt, die ihn berühren. Hundertfach, tausendfach, zehntausendfach reflektiert dieser kristalline Planet die Strahlen der farbigen Sonnen um ihn. Ein Schauspiel, wie du es noch nie gesehen hast. Ein Schauspiel am Himmel, mitten im All, das dir zeigt: Es gibt nichts, was es nicht gibt. Es gibt so viele Möglichkeiten, Licht, Schöpfung und sich selbst wahrzunehmen. Und du fühlst dich von den verschiedenen Farben ganz unterschiedlich berührt und begibst dich in immer größere Entfernung zu diesem Kristallplaneten, bis du ihn nur noch weit in der Ferne erkennst und durch das Farbenspiel weißt: Das muss er sein, dort in dem glitzernden Meer der Sterne, das das ganze Firmament erhellt.

Je weiter du dich entfernst und zurückkehrst zu dem Planeten, von dem du aufgebrochen bist – zur Erde –, desto mehr verblasst dieses kristalline Geschehen, und du siehst nur noch die Sterne am Himmel, die du auch von der Erde aus sehen kannst, und das ist schon Wunder genug.

Mit dem Bild der vielen farbigen Sonnen und des unendlichen Weltalls, in dem dieses Wunder existiert, kommst du zurück in den Raum im Hier und Jetzt, an den Ort, an dem dein Körper ist, und nimmst all die Schönheit und Farben, die du gesehen hast, mit in deinen Körper und lässt ihn daran teilhaben.

Verweile noch einige Zeit, in der du noch einmal Revue passieren lässt, was du gesehen und wie du es empfunden hast, und komm dann langsam wieder ins Hier und Jetzt zurück.

ICH BIN Sanat Kumara

Serapis Bey:
Aufstieg nur durch Klarheit im irdischen Sein

ICH BIN Serapis Bey.

Ich komme auf dem Strahl der Klarheit und der Reinheit zu euch, auf dem Strahl der absoluten Sicherheit, der euch die Grundlage für das gibt, was ihr in diesem verunsicherten Leben so sehr braucht. Sicherheit und Reinheit sind in diesem Feld wichtige Elemente, um auf dieser Erde und in diesen Körpern eine Ausrichtung zu haben, die euch die Möglichkeit gibt, weiterzukommen und euch zu entwickeln, ohne immer in den Anhaftungen hängen zu bleiben, in einer Disbalance zu verkümmern, oder euch durch eure inneren Prozesse so sehr zu verzetteln, dass eine klare Ausrichtung nicht mehr vorhanden ist.

Ich habe mich bereit erklärt, auf diesem Strahl zu arbeiten, weil ich weiß, dass die Anhaftung an den Körper, an das materielle Gut, an die Erde selbst, ein wichtiges Element ist, das ihr in eurem Körper erlebt. Diese Anhaftung zu überwinden und in einer Klarheit zu erkennen, wie wichtig sie für die persönliche Entwicklung ist und es dann wieder loszulassen, ist es, was im Geistigen klar erkannt werden will. Erkennt, dass ihr Geistwesen seid, die in diesem Körper inkarniert sind, um die Erfahrung mit der Materie, mit der Erde, zu machen, mit allem, was euch hierherzieht und festhält, mit allem, was euch hier verwurzelt und integriert.

Gleichzeitig wird es Momente geben, in denen ihr Klarheit darüber bekommt, warum bestimmte Erfahrungen in dem Bereich Erde so wichtig waren, warum es euch wie ein Magnet hierhergezogen hat. Es sind auf der einen Seite die Schönheit, die Sicherheit und Festigkeit der Materie, aber gleichzeitig eine Vielzahl von Möglichkeiten, die so unendlich sind, dass man sich darin verlieren kann. Für den menschlichen Geist in seinen Entwicklungsjahren ist es eine große Versuchung, sich auf allen Ebenen zu verlieren und zu verzetteln, hierhin zu schauen, dorthin zu springen, immer wieder auf die verschiedenen Ebenen zu gehen und nirgendwo klar zu bleiben.

Nach und nach entwickelt sich eine gewisse Fülle, eine gewisse Menge an Erfahrungen, an inneren Prozessen, die ihr erlebt habt. Dann kommt der Moment der Unterscheidungsfähigkeit, was jetzt für die persönliche Weiterentwicklung wirklich wichtig ist. Damit ihr in diesem Prozess eure eigene Klarheit findet, bin ich im Hintergrund immer dabei. ICH BIN immer dabei, wenn es darum geht, klarer zu sehen, zu fühlen, zu hören, nicht mehr so verschwommen und verwaschen zu hören und zu sehen, sondern die Ziele eures Lebens wirklich klar zu erkennen.

Immer dann, wenn du hier einen Entwicklungsschritt machst, bin ich im Hintergrund und habe mit meiner Kraft in dir gewirkt. Denn du bist – wie jedes andere Wesen – aus der göttlichen Quelle gekommen und hast die ganze Farbskala aller Strahlen in dir. Du bist mit allen Einheiten hier, die dich heute erreichen können. Die göttlichen Strahlen sind nur eine Metapher für bestimmte Qualitäten. Die Farben dieser Strahlen sind ein Synonym für die verschiedenen Qualitäten, die auch in dir sind, und wenn sich Klarheit, Sicherheit und Reinheit im Sein entwickeln, bist du mit dem weißen Strahl verbunden – deutlicher verbunden als sonst. Er wird dann präsenter.

So ist in den Leben einer jeden Seele über die Jahrtausende hinweg immer wieder einmal eine Ausrichtung wichtig und präsenter als die andere. Am Ende der seelischen Entwicklungen, bevor es auf die Ebene des Aufstiegs geht, werden Klarheit und Reinheit noch einmal zu einem wichtigen und entscheidenden Erlebnis in euch. Auch wenn es scheinbar ein Gegensatz ist, dass ich mich über euer Wurzelchakra, das sehr erdnah ist und die Erde repräsentiert, zeige und mich mit euch verbinde, ist es doch so, dass gerade über diesen Bereich eine große Klarheit herrschen muss, bevor ihr aufsteigen könnt. Wenn die Erdenleben und Erfahrungen mit der Erde nicht erfolgt und in euch nicht auf allen Ebenen bearbeitet und geklärt sind, kann sich die Seele nicht aus dem Rad der Erdenleben befreien.

Ihr habt euch darauf eingelassen, diesen Zyklus vollkommen zu durchleben, und werdet immer wieder an die Schwellen geführt, die euch Schritt für Schritt weiterbringen. Jedes Mal, wenn ihr in die Zwischenwelten zurückkommt, werdet ihr erneut gefragt: „Welche Ebene der Erfahrung möchtet ihr gerne im nächsten Leben machen?'", und ihr entscheidet immer mit, was als Nächstes kommt. In dem Moment, in dem ihr in den Zwischenwelten seid, habt ihr vollkommen klare Vorstellungen davon, was noch fehlt. Wenn ihr dann wieder hier seid, habt ihr nach spätestens fünf bis sieben Jahren alles wieder vergessen und werdet von eurer Seele nach und nach zu den bestimmten Wendepunkten in eurem Leben geführt, die dann neue Erkenntnisse bringen und euch auf dem Lebensweg weiter erheben. Die Schwingungen werden sich verändern, und ihr werdet mit jeder Erkenntnis, die ihr in euch fühlt, mit jedem Erlebnis, das euch schwingungsmäßig weiterbringt, eine Ebene erreichen, die der Klarheit immer näherkommt.

Alle Ebenen des menschlichen Seins werden geklärt und gereinigt. Es fängt mit den Gedanken an. Die Gedanken nicht mehr einfach laufen zu lassen, dem Gedankenfluss eine Kontrolle, eine Aufmerksamkeit zu geben, dass sie sich nur so ausdrücken sollen, wie es euch auch entspricht, ist mit einer der ersten wichtigen Schritte. In dem Moment, in dem ihr die Gedanken nicht mehr frei schweifen lasst, sondern ihnen Achtsamkeit gebt, werdet ihr klarer. Das ist keine Disziplin, die euch knechtet und den ganzen Tag beschäftigt, sondern ich meine damit eine erhöhte Aufmerksamkeit und Achtsamkeit, die sich ganz natürlich einstellt und ein Zeichen eures persönlichen Fortschritts in eurem Leben ist, eine Achtsamkeit, die genau erkennt, wann ihr in den Nuancen eurer Gedanken aus dem Feld herausgefallen seid, in dem ihr schon wart, aus der Schwingung, die euch wichtig ist. Ihr merkt immer mehr und deutlicher, wann das der Fall ist.

Hier Klarheit, Achtsamkeit und Aufmerksamkeit zu haben, ist der erste Schritt. Wenn dieser immer sicherer wird, wird schon der zweite Schritt, die Klarheit und Deutlichkeit eurer Gefühle, präsenter. Es ist ein fließender Übergang, dass Gedanken und Gefühle oft zusammengehören und Gedanken auch Gefühle steuern können. Ihr werdet merken, dass eure Gefühlswelt nicht mehr so sehr in Aufruhr ist, wenn ihr auch hier Aufmerksamkeit und Beachtung hingebt, die angemessen ist und sich für eure Gefühlsebenen, euren Gefühlskörper so ausdrückt, dass er sich mit allem angenommen fühlt, was in ihm tobt und arbeitet.

So wird nach und nach eine Ebene nach der anderen klarer, und durch die Klarheit werdet ihr sicherer. Ihr werdet sicherer in euren Gedanken und Gefühlen, und ihr werdet dadurch größere Macht und Kontrolle über alle eure Körperfunktionen erreichen. Nach und nach geschieht auch das. Alles, was automatisch in euch funktioniert, werdet ihr immer mehr unter Kontrolle bekommen – wenn ihr wollt, wenn ihr den Automaten, den Autopiloten sozusagen ausschaltet, um auf Selbststeuerung zu gehen. Selbststeuerung funktioniert nur mit einem klaren Bewusstsein, mit einer Klarheit und dem Wissen, dass ihr es auch wollt.

Dorthin zu kommen ist die Aufgabe des weißen Strahls aus der göttlichen Quelle, der auch in jedem von euch ist, vielleicht noch nicht in seiner vollen Stärke strahlt, aber so angelegt ist, dass er zum richtigen Moment sein Licht deutlich zum Leuchten bringt. So wird ein Strahl nach dem anderen die gesamte Palette der Farben in euch erstrahlen lassen und euch nach und nach in eine Sicherheit bringen, dass ihr mit eurem Körper, euren Gefühlen und Gedanken so ausgerichtet und fokussiert seid, dass die Materie, die Erde selbst, für euch ein klares und offenes Feld des Agierens wird, auf dem ihr im vollen Bewusstsein eures Seins und eurer Kräfte schöpferisch tätig sein könnt. Das geht jedoch nur, wenn tatsächlich Klarheit in euch ist, sonst verwischen sich die Interessen, sodass vieles angerissen und nichts erledigt wird.

Erst wenn die Klarheit bis in die Materie gekommen ist und diese durch alle Ebenen hindurch beherrscht, habt ihr das Ziel auf dieser Erde erreicht, nämlich Schöpfer, Schöpferin zu sein, Neues erschaffen zu können, auch in euch. Es kommt vor allen Dingen darauf an, euch selbst neu zu erschaffen, euch so zu erschaffen, dass ihr in diesem Körper ein Haus habt, das euch gefällt, in dem ihr euch wohlfühlt und das alle eure Bedürfnisse befriedigt, die in euch sind.

Die Klarheit des weißen Strahls lässt euch immer wieder die noch dunklen Flecken in euch erkennen, die noch nicht aufgelösten Nebel in euch sehen. Die Bereiche, die ihr noch zugedeckt habt und die im Schatten liegen, werden immer offenbarer. So hilft euch diese Ebene des göttlichen Seins, nach und nach alle diese Schatten aufzuhellen, alle diese Nebel aufsteigen zu lassen, damit ihr in diesem Körper ganz und gar Klarheit und Sicherheit fühlt.

Dazu gehört, dass alle Ebenen dieses Chakras, das die Erde mit betrifft, von negativen Neigungen befreit sind, die manche Menschen besonders ausgeprägt haben, und Macht, Besitz, Gier, ein übermäßiges Vermögen und alle Dinge, die sie erreichen wollen, weil sie sich unsicher fühlen, geklärt und aufgelöst werden. Es bedeutet nicht, dass jeder Mensch, der etwas mehr besitzt, hier ein Problem hat, sondern dass alle Menschen, die sich benachteiligt fühlen und eine Neigung haben, immer mehr zu raffen und an sich zu reißen, die sich unsicher fühlen, genug für sich zum Leben zu haben.

Wenn du hier auch nur eine kleine Resonanz fühlst, lade mich ein, bei dir zu wirken und dir deine Unsicherheiten genauer aufzuzeigen. Lade mich ein, den weißen Strahl dorthin zu lenken, wo noch etwas sein könnte. ICH BIN dir gerne behilflich, dich sicherer zu fühlen, mehr in deine innere Klarheit zu kommen und die Reinheit deiner Gedanken und Gefühle in die Balance zu bringen.

Wenn ich davon spreche, dass Reinheit gefragt ist, muss ich hierzu etwas erklären: Gerade in eurem Kulturkreis ist mit der Reinheit des Seins oft eine Ebene verbunden, die direkt über diesem Chakra liegt, nämlich die Beziehungsebene. Die Reinheit des Seins bedeutet nicht, dass ihr von allen euren Wünschen und Bedürfnissen vollkommen befreit sein sollt. Es bedeutet nicht die Reinheit, die euch in euren Religionsgemeinschaften immer wieder entgegenkommt: die Reinheit der sexuellen Bereiche und Ebenen der Lust. Es kommt nicht darauf an, alles zu verdrängen, sondern, dass *du* dich in *deinem* Gewissen, in *deinem inneren* Gefühl rein und sauber fühlst.

Es kommt darauf an, dass du mit allen Anteilen, die in dir sind, im Frieden bist und dich so fühlst, dass du eine gute innere Ausrichtung hast und dir dein inneres Selbst, deine Seele, sagt: „Du bist gut so, wie du bist, und du darfst auf allen Ebenen des menschlichen Seins auch deine Erfolge haben. Du darfst im Beruf Erfolg haben. Du darfst in der Gemeinschaft mit anderen Menschen Erfolg haben. Du darfst in Partnerschaften Erfolg haben und dich auch von dem Glück der körperlichen Liebe bereichern lassen." Nichts davon ist unrein. Die Unreinheit beginnt dann, wenn ihr mit euch und euren Gefühlen und Gedanken nicht ehrlich seid, wenn ihr euch von Vorstellungen leiten lasst, die Verdrängung bewirken, Verdrängung der eigenen inneren Anteile, die gelebt werden wollen.

Seid also gewiss, dass die Reinheit auf der geistigen Ebene von eurem inneren Gewissen gesteuert wird und nicht von äußeren Moralvorstellungen, die ihr übernehmt. Die äußeren Vorstellungen, die auf euch zukommen und euch erklären wollen, was Reinheit wirklich ist, sind nichts weiter als ein Machtanspruch auf euer Gewissen. Niemand, der hier als Mensch inkarniert ist und lebt, kann euch mit seiner Organisation und seinen Dingen, die er tut, wirklich beherrschen, weil, völlig unabhängig davon, immer wieder die eigenen Gedanken und Gefühle auftauchen. Völlig unabhängig davon, wie ihr ausgerichtet seid und an wem ihr euch ausrichtet, welchen geistigen Führer ihr benutzt, um euch zu entwickeln, werdet ihr bemerken, dass ihr mit eurer persönlichen spirituellen Entwicklung über diesen Punkt hinauskommt, an dem ihr einen Führer, eine Führerin, einen Guru, eine Kirche, eine Religion braucht.

Ihr werdet euer eigenes göttliches Selbst erleben und erkennen, und ihr werdet über dieses göttliche Selbst eure Richtschnur haben, eure Gewissensebene und eure moralische und ethische Linie entdecken, an der ihr euch ausrichtet. Das sind die innere Reinheit und Klarheit, die unabhängig von allen anderen sind und sich doch in der Gemeinschaft und im Austausch entwickeln.

Hier biete ich euch meinen Anteil an, den ich dazu beitragen kann. Hier biete ich euch die Klarheit des weißen Strahls an, den ihr immer anrufen könnt, wenn ihr unsicher seid, den ihr immer wieder nutzen könnt, wenn Klarheit fehlt und Sicherheit scheinbar verloren geht.

ICH BIN Serapis Bey.

Serapis Bey: Ihr nehmt nichts mit

ICH BIN Serapis Bey.

Ich komme zu euch auf dem Strahl der Klarheit und der Reinheit, der euch absolute Sicherheit geben kann, wenn ihr ihn in euch lebt, Sicherheit, die im Materiellen wurzelt und sich weiterhin über euer klares, inneres Sein ausdrückt, eure Klarheit, die immer stärker in euch wächst und in eine Reinheit mündet, in der ihr euch vollkommen fühlt. Sich vollkommen zu fühlen, vollkommen rein zu fühlen, ist ein innerer Prozess, der mit euch selbst zu tun hat und auch damit, ob ihr das, was alle anderen über euch sagen, tatsächlich so glaubt, wie es euch gesagt wird, oder ob ihr euch euer eigenes Urteil über euch bildet.

Urteilen, beurteilen, ob etwas sauber genug ist, ob sich etwas wirklich rein anfühlt, hat immer mit dir selbst und den Erfahrungen in dieser irdischen Welt zu tun. Die Erfahrungen, die du in dieser irdischen Welt gemacht hast, haben dich von Kindheit an erleben lassen, dass alles, was du getan hast, beurteilt wurde. Du wurdest immer wieder von deinen Eltern, Geschwistern und den Personen, die mit dir zusammen auf der Erde gelebt haben, in bestimmte Kategorien eingeordnet. Und du hast irgendwann in diesem Leben angefangen, diese Beurteilungen zu glauben. Du hast angefangen zu glauben, dass in dir etwas falsch, nicht ganz rein ist, dass du kein reiner, klarer Mensch bist. So bist du in ein Gefühl gekommen, in dem du dich schuldig, unsauber gefühlt und an dem Ort, an dem du bist, falsch gefühlt hast.

Dieses Gefühl in dir hat sich mehr oder weniger stark ausgeprägt und bestimmt noch heute einen großen Teil deines inneren Erlebens. Aus unserer Sicht seid ihr alle reine Engelwesen, vollkommen richtig, rein und klar. Das, was ihr auf der Erde erlebt, ist nichts weiter als die Möglichkeiten der Dualität, der Gegensätze, von euch in all ihren Facetten zu erleben. Das hat nichts damit zu tun, wer ihr wirklich seid, dass ihr in Wahrheit reine Engelwesen seid, die in einem materiellen Körper nun einmal den Bedingungen des irdischen Seins ausgesetzt sind. Alles, was in euch ist, ist in Ordnung. Vielleicht ist da etwas Schmutz, mit dem ihr euch gegenseitig beworfen habt, der an eurer äußeren Hülle hängengeblieben ist, sich in euren Gefühlen festgesetzt hat und in eurem Denken einen großen Teil in Anspruch nimmt.

Die Unreinheiten, die ihr euch im Laufe des Lebens sozusagen in diesem Spielfeld aneignet und die an euch kleben, können leicht abgewaschen und gereinigt werden, indem euch bewusst wird, dass alles, was ihr in dieser Inkarnation, in dieser erdverbundenen Ebene tun könnt, immer nur in dem Rahmen der Gegensätze möglich ist, des „wirklich Guten" und des „wirklich Bösen". Ihr seid mitten in diesem Spiel und dabei auszuloten, was gut und was schlecht, was rein und klar oder schmutzig und unsauber ist.

Es ist immer wieder eine innere Gedankenübung zu bemerken, ob das, was sich schmutzig in euch anfühlt, tatsächlich unrein ist, und was es überhaupt bedeutet, Unreinheit zu fühlen. Viele von euch sind mit den Worten „unrein" und „rein" jahrhundertelang auf eine Fährte geführt worden, in der die eigene Körperlichkeit unterdrückt und missachtet, in der das eigene körperliche Sein als schmutzig und unsauber dargestellt und hingestellt wurde. Und ihr seid heute noch in vielen inneren Glaubensmustern an diesem Punkt, dass die Reinheit, auch die der körperlichen Gefühle und des Seins, eher etwas mit Schmutz und Unreinheit zu tun hat.

Auf dieser Ebene, über die wir jetzt sprechen, gibt es nichts, was in irgendeiner Form falsch oder unrein ist. Alles, was ihr erfahrt und erlebt, ist ein Ausdruck des menschlichen Seins, und immer wenn ihr euch auf den Weg macht, eure eigene Sicherheit auf dieser Erde zu finden, euren eigenen Standpunkt zu definieren, werdet ihr euch zwischen diesen Polen bewegen. Ihr werdet niemals in diesem Leben in einer Situation *vollkommen* sein können, so, wie ihr Vollkommenheit begrifflich erklärt. Denn die göttliche Vollkommenheit, die absolute göttliche Reinheit, die ihr fühlen möchtet, gibt es erst dann, wenn ihr aufgestiegen seid und euch über die Körperlichkeit erhoben habt. In der Körperlichkeit auf dieser Erde ist eins hundertprozentig sicher: Ihr werdet euch zwischen den Polen der Dualität bewegen und zwischen diesen Polen eure Erfahrungen machen, die auf dieser Erde richtig und wichtig sind.

Gleichzeitig seid ihr in eurer geistigen Familie geborgen, geborgen in einer Ebene des geistigen Seins, die mit dieser Körperlichkeit nichts zu tun hat – die euch eine Sicherheit gibt, in die ihr immer wieder zurückgeht, die euch eine Klarheit vermittelt, dass ihr jederzeit aus dieser körperlichen Misere aussteigen und in die Astralwelten zurückgehen könnt, um dann wiederzukommen – und mancher geht tatsächlich diesen Weg, streckt erst einmal die Waffen und lässt sich neu auf das Leben ein. Viele haben schon erkannt, dass es nicht viel nutzt, wieder von vorne zu beginnen, sondern es leichter und einfacher ist – auch wenn es sich schwer anfühlt –, dieses Leben weiterzuleben, um in die nächste Stufe zu kommen, in der es wieder einen Schritt weitergeht.

Diese irdische Realität ist aus geistiger Sicht eine wundervolle Illusion. Die Sicherheit, die ihr hier vermeintlich braucht, versucht euch euer Verstand immer wieder einzureden. Alles, was ihr euch auf Erden schafft, sei es materielle Sicherheit, Sicherheit in Beziehungen, in eurer Körperlichkeit, ist nichts weiter als ein vorübergehendes Geschenk des Lebens an das Leben selbst. Nichts von dem ist wirklich etwas, das ihr mitnehmt, was ihr in die geistigen Reiche, in die ihr alle hineingehen werdet, mitnehmen könnt. Trotzdem tut ihr ein Leben lang so, als ob es das Wichtigste in eurem Leben ist. Ihr tut so, als ob Geld, Land, Haus, Besitz, bei manchen Menschen sogar der Familienbesitz, etwas ist, das euch immer gehört.

In dem Moment, in dem euch immer klarer wird, dass diese Dinge nichts weiter als Leihgaben für dieses Leben sind, lassen auch im Inneren die Kräfte nach, die euch so sehr daran binden und wodurch ihr so danach giert, weil ihr glaubt, nicht genug zu bekommen und immer wieder benachteiligt zu werden. So lange ihr in diesem Gefühl seid, wird es euch immer wieder stören und in eurem Innersten aufstoßen, wenn es euch scheinbar schlechter geht als anderen oder Benachteiligungen im Materiellen euch treffen.

Die Leihgaben für dieses Leben sind Spielmöglichkeiten, so, als ob ihr bei einem wunderschönen Brettspiel Coupons ausgeteilt bekommt, die euch eine Startmöglichkeit geben. Genauso habt ihr euch für dieses Leben Startmöglichkeiten ausgesucht, bevor ihr hierhergekommen seid. Ihr habt euch die Familie ausgesucht, in die ihr geboren seid. Ihr habt euch ausgesucht, was an materiellen Ebenen da ist, an Genen und Vorstellungen, welche Möglichkeiten des Lernens und der Erfahrung vorhanden sind, und ihr habt hiermit eine äußere Sicherheit für euch angenommen und weiterentwickelt. Das ist das äußere irdische Leben.

Und in diesem äußeren irdischen Leben gibt es die Eltern: die Mutter, die euch mit ihrem eigenen Leib die Leiblichkeit gegeben hat, und den Vater, der dazu beigetragen hat, damit es etwas Ganzes wird. Gleichzeitig haben diese Menschen immer in ihren Bezügen und in ihren eigenen

Möglichkeiten nur das tun können, wozu sie in der Lage waren. Und deshalb fühlen viele von euch einen Mangel: an Zuwendung, an irdischer Sicherheit und im eigenen Sein, den ihr dann mit dem materiellen Überfluss kompensieren wollt, den ihr für euch anhäuft.

All dieses Suchen, Sammeln und Zusammenbringen ist nichts weiter als ein Mangel an empfundener Liebe, den ihr in irgendeiner Weise zu überwinden sucht. So lange ihr in eurer Wurzelkraft auf dieser Erde noch nicht die Sicherheit empfindet, dass ihr, gleichgültig, wo ihr seid und was ihr lebt, immer genug habt, um diesem Körper das zu geben, was er braucht, so lange dieses Gefühl des Mangels noch da ist, werdet ihr im Irdischen immer versuchen, mehr anzuschaffen und zu besitzen. Doch je mehr ihr in das Vertrauen der Liebe kommt, dass auf diesem Planeten für jeden alles da ist und ihr nichts horten müsst, desto leichter wird das Leben und desto klarer fühlt ihr euch sicher in eurem Sein.

Diese Sicherheit ist ein inneres Gefühl, und kein äußeres Erleben kann es ersetzen. Menschen mit einem großen Besitz können sich genauso unsicher, verletzlich und einsam fühlen wie Menschen, die nichts Irdisches ihr Eigen nennen. Die Menge an materiellem Besitz sagt nichts über das Gefühl in euch aus, euch auf dieser Erde sicher zu fühlen. Wenn ihr euch in diesen Zustand begebt, in dem ihr die Erde als die Ernährerin eures Körpers seht und den Himmel mit den unendlichen Weiten als die potenziellen Möglichkeiten eures Geistes erkennt, seid ihr in der Verbindung mit euren Eltern, für die eure Eltern hier auf der Erde nur stellvertretend waren, die mit ihrem Wissen, ihrem Glauben und ihrem Können nur das tun konnten, was zu der Zeit, in der sie gelebt haben, und mit den Möglichkeiten, die sie in diesem Leben erworben hatten, möglich war. Hadert nicht mit ihnen. Sie haben immer versucht, ihr Bestes zu tun, auch wenn ihr es nicht immer so empfunden habt.

Wenn ihr euch im Bewusstsein weiterentwickelt, seid ihr in der Lage, darüber hinauszugehen und diese Ebene zu transzendieren, damit ihr erkennt, dass ihr Kinder von Himmel und Erde seid, dass ihr in dieser Körperlichkeit mit der Erde verbunden seid und mit euren geistigen Fähigkeiten mit allen Ebenen aller Himmel verbunden sein könnt. Wenn sich dieses Gefühl in euch ausbreitet, gibt es keine Unsicherheiten mehr, sondern eine Klarheit, eine Sicherheit, ein inneres Erkennen, in dem ihr euch rein fühlt, rein für eure göttliche Seele, rein und klar, ohne dass ihr in irgendeiner Form nach Dingen trachten müsst, mit denen ihr euch noch umgebt. Ihr habt dann alles im Überfluss, und alles, was ihr tatsächlich braucht, wird euch immer zufließen. In diesem Bewusstsein seid ihr niemals im Mangel, sondern immer im Überfluss und könnt noch abgeben von dem, was euch zufließt.

Diese Sicherheit bringe ich euch mit meiner Kraft und mit der Energie, die ich transportiere. Das innere Gefühl, ein großes geistiges Wesen zu sein, das hier auf der Erde alles empfangen kann, was es benötigt, dieses Gefühl von Sicherheit und Geborgenheit will ich euch geben, und ihr könnt es euch jetzt nehmen. Fühlt euch rein, klar, geborgen und beschützt, fühlt euch auch in diesem Körper, in eurer Lebenssituation, die ihr jetzt erlebt, rein und klar und wisst, dass, wenn euer Partner/eure Partnerin, eure Kinder oder Eltern ein wenig mit Schmutz werfen und ihr euch nicht sauber und rein fühlt, dieser äußere materielle Schmutz durch euer Gefühl der inneren Klarheit leicht abgeht. Und spürt, wenn ihr selbst einmal mit mentalem Dreck um euch werft, dass die anderen, die es durch eure Beurteilungen trifft, niemals verschmutzt werden können, sondern immer reine göttliche Wesen sind, die in ihren irdischen Körpern diese Erfahrung mit euch teilen.

Seid sicher, dass diese Spiele der Dualität hier auf der Erde in den höheren geistigen Reichen nicht mehr greifen und dass ihr, indem ihr hier etwas tut, was euch beschmutzen könnte, nicht davon abgehalten werdet, die höchsten geistigen Höhen zu erklimmen. Ihr macht euch mit dem, was ihr hier tut, nicht schuldig oder klein und könnt nicht verhindern, dass ihr göttlich seid. Ihr könnt es euch immer wieder einreden, und ihr könnt euch die Dreckspritzer an eurem eigenen oder dem Sein der anderen ansehen und euch darüber Gedanken machen und urteilen. Aber die Erkenntnis, dass die Reinheit und die Klarheit eures Seins sich durchsetzen werden und ein Selbstreinigungsmechanismus in jedem von euch sind, der euch immer wieder ganz und gar sauber werden lässt, das ist es, was ihr aus der göttlichen Welt mitgebracht habt.

Ihr könnt nicht verloren gehen, gleichgültig, was ihr in diesem Leben anstellt. Ihr werdet immer wieder mit Freuden in die Geistigen Welten aufgenommen, und alle eure Erfahrungen, Wunden und kleinen Dreckspritzer, die ihr vielleicht mitbringt, werden gereinigt, geheilt und so vollkommen integriert, dass sie als Erfahrung bestehen, aber nicht als Hindernis eures Seins.

Diese Sicherheit, dass alles, was ihr erlebt, auch transformiert wird und die irdische Realität alles bieten kann, was ihr braucht, ohne dass ihr danach streben müsst, wird immer mehr bei euch ankommen, je mehr ihr dieses innere Vertrauen entwickelt, je mehr ihr euch mit den Kräften der Erde verwurzelt fühlt und eurem Körper vertraut, durch den die Elemente schwingen, dass ihr euch immer dann, wenn ihr in Zweifel geratet, wieder daran erinnert, dass ihr mit eurem Körper ein Teil dieser Erde seid, auf der für alles gesorgt wird, auf der es gegen jedes Zipperlein ein Mittel gibt, auf der alles körperlich erlöst werden kann, was erlöst werden will.

Fühlt diese Sicherheit, die die Erde euch schenkt, und gleichzeitig die Freiheit in den unendlichen Räumen des Universums. Ihr seid so rein und klar, dass ihr zwischen oben und unten wechseln könnt, zwischen Himmel und Erde. Ihr seid Reisende durch die irdische Realität und steigt wieder in die himmlischen Sphären auf. Seid sicher, es ist für alles gesorgt. Und wenn ihr euch im Mangel fühlt, dann erinnert euch daran, was ich euch gesagt habe. Erinnert euch daran, dass der Mangel die vollkommenste aller Illusionen ist, die euch am tiefsten in Zweifel bringen kann. Fühlt, dass ihr immer geborgen seid, gleichgültig, wo ihr euch gerade aufhaltet. Und seht es am Beispiel der Tiere, die sich hier in Sicherheit fühlen, in einer Vollkommenheit, die sie einfach leben.

Lasst euch darauf ein, einfach nur dieses Leben zu leben, in dem Gefühl, dass für alles gesorgt ist. Lasst euch darauf ein, hingebungsvoll dieses Leben jeden Tag so zu leben, wie es kommt, und es wird euch mehr und mehr zufließen, was ihr tatsächlich braucht. Das Vertrauen in diese irdische Realität ist eines der wichtigsten Momente, die ihr im Leben umsetzen könnt. Die Tiere machen es euch vor. Sie sind in diesem vollkommenen Vertrauen, doch ihr geratet immer wieder durch euren Verstand und durch die Beurteilungen, die ihr dadurch aufbaut, in den Zweifel. Nutzt den Verstand, aber als Ratgeber und nicht als Maßstab der Beurteilungen. Fühlt, dass ihr mit eurem Sein hier auf der Erde richtig seid und die Erde euch immer trägt, ohne zu fragen, ohne in irgendeiner Form zu beurteilen, egal, was ihr tut.

ICH BIN Serapis Bey.

Saint Germain:
Eure Beziehung und Lust im Sexualchakra

ICH BIN, der ICH BIN. ICH BIN Saint Germain.

Worum geht es im zweiten Chakra? Worum geht es in euren Beziehungen, im Leben überhaupt? Es geht natürlich um die Lust, denn ohne die Lust wäre keiner von euch hier. Ohne die Lust eurer Eltern, sich zu treffen und sich zu vereinigen, wäre niemand von euch in seinem Körper. Ohne die Beziehung, die eure Eltern miteinander gepflegt haben, wärt ihr nicht hier, gleichgültig, wie diese Beziehung aussah. Es gab einen Moment, in dem etwas geschaffen wurde, in dem der Funke so übersprang, dass ihr dadurch entstanden seid, zumindest euer Körper.

In jedem von euch steckt diese Besonderheit des Erschaffens von Leben. Leben entsteht nicht nur auf die Art und Weise, dass neue Körper entstehen, sondern neue Ideen in die Welt kommen, neue Bereiche entdeckt und entwickelt und geistige Kräfte freigesetzt werden, die bisher noch nicht nach außen getreten sind. Leben entsteht auch immer wieder dann, wenn sich Menschen neu organisieren, ordnen und treffen und sich das Beziehungsgeflecht des Lebens entwickelt. Dafür ist dieses wunderbare Chakra da, das in einigen von euch immer noch etwas verkrampft wirkt, weil hier Schuldgefühle sitzen, Zurückhaltung hängt und Erfahrungen stecken, die euch ängstlich machen.

Und was macht ihr damit? Lust auf Leben entwickeln! Lust auf Leben, auf Beziehungen, auf Treffen mit anderen, auf Austausch, auf die Art und Weise, wie es euch angenehm ist. Es muss ja nicht immer gleich in einer körperlichen Vereinigung enden, nicht wahr? Manchmal wollt ihr das ja auch gar nicht so sehr. Aber es darf sich entwickeln. Ihr dürft euch auf den verschiedensten Ebenen immer wieder neu treffen und austauschen, damit Leben gelebt werden kann, damit sich Leben entwickelt. Ich will nicht mit dem alten Beispiel von Blumen und Bienen kommen, das kennt ihr alle. Aber in der Natur entwickelt sich Leben auch nur durch Begegnung, durch Übertragung von Information, durch Kontakte, die entstehen, auf welche Art auch immer. All dies bedeutet mehr Leben, mehr Entwicklung, mehr Kreativität, mehr Erschaffen, mehr Hineinbringen in die Wirklichkeit.

Dieses Chakra in euch ist es, das eure eigene Schöpferkraft heute noch sehr stark symbolisiert. Ihr seid hier in eurer Ursprungskraft. In diesem Chakra ist in euch Menschen noch der Funke der Schöpfung erhalten geblieben. Es ist der Bereich, in dem ihr materiell dazu in der Lage seid, zu erschaffen. Nur in Beziehungen könnt ihr erschaffen. Nur im Kontakt mit anderen könnt ihr kreativ sein und etwas entwickeln. Selbst Künstler brauchen, um etwas auf die Leinwand zu bringen, denjenigen, der die Leinwand herstellt. Sie brauchen den Kontakt mit anderen, um etwas neu in die Welt zu bringen, sie brauchen die Anregung. Manchmal brauchen sie vielleicht nur einen Blick in die Natur oder in das Herz eines anderen Menschen, um daraus etwas entstehen zu lassen. Aber sie brauchen die Anregung, Leben zu entwickeln, Leben neu zu gestalten und die Lust und die Freude, Leben in die Welt zu bringen. Das ist es, was ich euch vermitteln möchte.

Ich möchte euch dazu ermuntern, eure Kraft und innere Stärke wirken zu lassen. Seid mutig, offen und klar in euren Beziehungen zueinander. Sagt deutlich, was ihr mögt und was nicht. Sagt den anderen liebevoll, aber klar, was ihr gerne mit ihnen tun möchtet, sei es eine Reise, ein Treffen auf ein Bierchen oder ob ihr den anderen besonders anziehend findet, auf welche Art auch immer. Ihr dürft euch darüber austauschen. Immer. Ihr müsst natürlich damit rechnen, dass der andere sagt: „Ach nein, ich möchte heute mit dir kein Bierchen trinken, aber frage mich in drei Wochen noch einmal oder in fünf Jahren, wenn du dich verändert hast." Damit müsst ihr rechnen. Das gehört dazu. Aber seid deshalb nicht enttäuscht.

Ebenso gehört dazu, dass über die Reflexion, über das Spiegeln des anderen, etwas auf euch zurückkommt, das ihr bei euch vielleicht noch nicht entdeckt habt. Seid deshalb dankbar für eine Ablehnung, die ihr erfahrt. Denn auch eine Ablehnung zeigt euch eine Wirklichkeit in euch, die so aussieht, dass die Energie dessen, zu dem ihr euch angezogen fühlt, von seiner Seite aus scheinbar nicht kompatibel ist. Das ist eine Erkenntnis. Nicht immer angenehm, das gebe ich zu. Aber es ist eine Erkenntnis.

Über diese Erkenntnisse wachst ihr und entdeckt immer mehr, wie eure eigenen Beziehungsmöglichkeiten sind und wohin eure Interessen fließen, und ihr entdeckt in anderen die Schwerpunkte, die sie gerade in ihrem Leben für wichtig halten. Vielleicht traut ihr euch in fünf Jahren ja wirklich noch einmal, erneut zu fragen, und vielleicht sagt derjenige dann: „Ja, heute trinke ich ein Bierchen mit dir", und dann habt ihr nach fünf Jahren euren Wunsch vielleicht erfüllt. Vielleicht aber auch schon nach zwei Wochen.

Es geht darum, euch zu trauen, das zu sagen, was gerade in euch auftaucht. Es geht darum, euer Innerstes nach außen zu tragen und zu sagen *(mit schüchterner Stimme)*: „Das bin ich. Gibt es hier jemanden, der mit mir Kontakt haben möchte? Ich wünsche es mir so sehr." Oder ihr könnt hingehen und sagen *(grummelig)*: „Das bin ich. Hoffentlich will keiner Kontakt mit mir haben." Oder ihr könnt sagen *(selbstbewusst)*: „Hier bin ich nun, wie ICH BIN. ICH BIN, die ICH BIN. ICH BIN, der ICH BIN. Gibt es hier noch jemanden, der ist, wer er ist? Vielleicht können wir uns ein wenig austauschen?" Es gibt die unterschiedlichsten Ebenen, auf denen ihr euch begegnen könnt, die unterschiedlichsten Möglichkeiten, *wie* ihr euch begegnen könnt. Und es gibt auch die unterschiedlichsten Arten von Mut, die es braucht, um euch darzustellen, um hier den ein oder anderen Wunsch, der tief in euch verankert ist, in die Wirklichkeit zu bringen.

Alles ist da. Die ganze Welt ist voll von Erfahrungs-
möglichkeiten, und ihr könnt euch umschauen und sagen: „Das möchte ich mal probieren. Hier möchte ich mal
schauen. Wer gibt mir eine Rückmeldung? Wer sagt mir,
was er davon hält, wenn ich einen Wunsch habe?" Manchmal entwickelt es sich dann so wunderbar, dass sich Menschen treffen und eine Zeit lang gemeinsame Ziele verfol-
gen, manchmal sogar für eine lange Zeit. Und manchmal
merken sie: „Hm, es hat doch nicht so gepasst", und das
ist auch gut. Jede Erfahrung bringt euch im Wissen um
euch selbst, in der Erkenntnis eures eigenen Selbst ein
Stück weiter, auch wenn es nicht immer euren Wünschen
entspricht.

Jetzt könnte ich diese Botschaft hier beenden und sagen: So, macht daraus, was ihr wollt. Aber es steckt noch
viel mehr dahinter. Alle eure Beziehungen sind nicht nur die
Beziehungen, die ihr jetzt auf dieser körperlich-mensch-
lichen Ebene habt, sondern sie waren schon im geistigen
Leben eurer Seele vorhanden und existieren immer noch.
Es gibt eine Bindung, die ihr über eure Seelenfamilien habt,
und es gibt Verabredungen über die Seelenebene, euch
hier auf dieser Erde im materiellen Körper zu begegnen.
Es gibt immer wieder Begegnungen, die euch anziehen
und herausfordern. Und das sind oft die Begegnungen, die
ihr schon vorher auf Seelenebene verabredet habt.

Es gibt also nicht nur die oberflächliche Art von Begegnung, die ich eben angesprochen habe, sondern auch die-

se tiefe, die Entwicklung im menschlichen Körper und Erfahrungen auf allen Ebenen so besonders macht. Ihr seid mit euren Beziehungen aus der seelischen Ebene immer wieder mit den Mitgliedern eurer Seelenfamilie konfrontiert, und sie begegnen euch immer dann, wenn ihr es am dringendsten benötigt. Gleichzeitig sind sie diejenigen, die euch am meisten lieben, wenn man es überhaupt so sagen kann, obwohl sie euch manchmal im Außen Schmerz zufügen.

Sie sind es, die ihr herbeigerufen habt, damit ihr alles, was ihr erlebt, in euren Seelenanteilen so integriert, dass ihr es in die nächste Ebene des Daseins mitnehmt und weitertragt, wie eine Auszeichnung für ein besonderes Erleben, wie ein besonderes Band, das an euch ist, eine Farbe, die in euch leuchtet, ein Licht, das neu angezündet ist, eine Ebene der Erkenntnis, die in euch ist und die nur in diesem irdischen Leben so erfahren werden kann. Es ist ein Stück Entwicklungspotenzial im Irdischen, das auf anderen Ebenen des Seins so nicht erkennbar ist, weil sich die Gegensätze und das Verlassenfühlen dort nicht erfahren lassen.

Nun fragt ihr vielleicht: „Warum musste ich mich dazu entscheiden? Was hat das Ganze bloß für einen Sinn? Warum habe ich mich dazu gemeldet, diese Expedition auf diesem Planeten in diesem großen Wirrwarr mitzumachen? Ging das nicht anders?" Natürlich wäre es anders gegangen. Du hättest damals nicht an das große Tor klopfen müssen. Du hättest nicht sagen müssen: „Lasst mich auf diese Erde!" Du hättest sagen können: „Wisst ihr was? Ich bleibe hier in diesen Welten, die mir sehr wohl bekannt sind, und alle anderen können diese Entwicklung machen. Aber nicht mit mir." Manchmal denkst du so, nicht wahr? Das darfst du auch. Aber du hast dich einmal anders entschieden, und jetzt gehst du diesen Weg bis zum Ende, immer und immer wieder.

Du wirst unterstützt, du bist niemals allein, auch wenn du dich manchmal verlassen fühlst. Du bist immer in Verbindung, in Beziehung zu einer Gemeinschaft von Wesen, die du nicht immer siehst. Du bist immer in Verbindung mit uns, mit deiner Seele, mit deinen Schutzengeln. Du bist immer in Beziehung zu Wesen, die dich auf jedem deiner Wege unterstützen, gleichgültig, wie du dich entscheidest. Allein dieses Wissen kann dir Kraft und Mut geben, weiterzugehen. Dieses Wissen und der Glaube daran, dass du immer jemanden bei dir hast, der dich unterstützt, auch wenn du dich alleine fühlst, kann dir helfen, durch ein Tal zu gehen, das dir einsam und verlassen vorkommt. Und dann kommt wieder eine Ebene, auf der dir alle begegnen. Sie kommen alle aus diesen Tälern hervor, nur waren es so viele Seitentäler, dass ihr euch unterwegs nicht getroffen habt, weil jeder durch sein eigenes Tal gegangen ist.

Dann gibt es wieder Zeiten, in denen es einfacher ist, leichter, in denen ihr Gemeinschaft erlebt und fühlt, in denen ihr euch zugehörig fühlt und in eurem Sein so angenommen, wie ihr seid. Aber ihr habt die Erfahrung aus der Einsamkeit mitgebracht und dadurch einen Schritt in eurem Leben gemacht, den ihr ohne sie nicht gemacht hättet. Ihr seid ein Stück gereift durch das Tal, durch das ihr gegangen seid, und dieser Reifeprozess hat auch etwas mit der Entwicklung und der schöpferischen Art zu tun, die sich durch euer zweites Chakra weiterentwickeln will. Nur wenn ihr die Reifungsprozesse des körperlichen Lebens erlebt habt, werdet ihr auf der schöpferischen Ebene so klar und deutlich sein, wie es Serapis Bey gesagt hat: Ihr seid tatsächlich Schöpfer und Schöpferinnen eures Lebens!

Nur wenn eine gewisse innere Klarheit und Reife erreicht ist, gelingt es. Alle eure Begegnungen und Beziehungen helfen euch dabei, reifer und erfahrener zu werden, um deutlicher zu sehen, was ihr wirklich wollt und was für euch wichtig ist. Es ist ein wunderschöner Prozess, wenn ihr ihn rückwirkend betrachtet und schaut: „Mensch, was habe ich denn da erlebt?" Dann sieht alles so leicht und einfach aus. In dem Moment, in dem ihr mittendrin steckt, fühlt es sich manchmal so schwer an.

Ruft mich. Bittet die Flamme der Transformation um Veränderung. Lasst das, was in euch schwer und drückend erscheint, in dieser Flamme auflodern und sich transformieren. Seht, wie das violette Licht alles verwandeln kann und wie die Schwere und Dunkelheit des Lebens sich zu Leichtigkeit und Freude wandeln können, zur Lust am Leben. Und dann seht, dass sich alles befreien will, was in eurem Beziehungschakra noch an falschen Vorstellungen, Glaubensmustern und Ebenen, die euch kleinhalten und unterdrücken, vorhanden ist.

Ihr habt in diesem Leben und in den Leben davor sehr oft Erfahrungen gemacht, dass gerade dieses Chakra, diese Lust am Leben, einen Unterdrückungsmechanismus durch die Herrschenden erfahren hat. Wenn alle zu Schöpfern des Lebens werden, sind alle auf der gleichen Ebene und gleich stark. In diesem Spiel des Lebens, das ihr führt, gab und gibt es Zeiten, in denen sich manche ermächtigt haben, über andere zu herrschen. Diese Selbstermächtigung hat etwas mit den Erfahrungen zu tun, die sie machen wollten. Und es hat genauso etwas damit zu tun, wenn sie dann wieder tiefer steigen und andere Macht über sie haben.

Dieses Spiel habt ihr alle mit mehr oder weniger verteilten Rollen gespielt. Jeder von euch hat einmal die Macht gespürt, auch über andere herrschen zu können, und gemerkt, was es wirklich bedeutet, bei anderen Menschen über Leben und Tod zu entscheiden, welche Gefühle dabei in ihm oder ihr entstanden sind. Und ihr habt es selbst erlebt, dass Menschen für euch entschieden haben, wann ihr aus diesem Leben tretet und wann nicht, ohne dass ihr ein Quäntchen dazu tun konntet. Ihr habt die Ohnmacht gespürt und die Macht gehabt.

Jetzt kommt die Zeit, in der alles auf eine Ebene gehoben wird, in der die Macht gleichmäßig verteilt ist, die Ungleichgewichte ausgeglichen werden und die schöpferische Kraft jedes Einzelnen im Verbund mit dem Ganzen zur Blüte gelangt. Es ist eine Zeit, die sich jetzt entwickelt und euch herausfordert, die Lust am Leben und an eurer Kreativität wieder neu zu entdecken, ohne Angst haben zu müssen, dass euch jemand unterdrückt. Ihr seid in der Übergangsphase, in der es manchmal noch etwas rumpelt, in der ihr noch anecken könnt und die Macht spürt, die euch bedrückt und nicht so sein lässt, wie ihr gerade möchtet. Aber diese Macht wird schwächer, diese äußere Macht der Institutionen und der Mächtigen, die sich erhoben haben. Sie werden alle spüren, dass es auf einer gleichen Ebene viel leichter wird, auf der alle *miteinander* die Neue Welt erschaffen.

Spürt in euch die Lust, die Neue Welt mitzuerschaffen. Spürt in euch diese Lust, eure eigenen Wünsche und Vorstellungen in eine Neue Zeit mit hineinzubringen. Lasst eurer Phantasie freien Lauf, dem, was sich in euch entwickeln will. Jeder hat seine besonderen Fähigkeiten auf diese Erde mitgebracht, und jeder kann durch seine Kreativität Impulse in diese Welt bringen, die dann aufgenommen, von anderen weiterentwickelt oder verworfen werden, weil sie sich als nicht so sinnvoll erweisen, aber dafür kommen dann neue Impulse. Ihr seid also durch euer Kraftzentrum in euch Mitschöpfer der Neuen Zeit.

Ihr habt die Möglichkeit, mit jedem Gedanken, mit jedem Wort, mit jeder Tat einen Impuls zu setzen, der auch wieder andere berührt und beeinflusst, ohne dass ihr Macht ausübt, einfach indem ihr seid und eure eigenen Impulse einbringt. Nicht mit dem Ziel, euch unbedingt durchsetzen zu müssen, sondern dass sich die bes-ten Impulse zusammenfinden, um daraus etwas Neues entstehen zu lassen. In dem Moment, in dem ihr eure Vorstellung von der Macht eures eigenen Seins, eure eigenen Überzeugungen durchsetzen zu wollen, aufgebt und entscheidet, dass sich alles, was aus euch herausströmt, zum Besten für alle entwickeln soll, gebt ihr etwas ab, das frei und nicht an euch und eure Überzeugung gebunden ist, sondern ihr gebt es aus euch heraus und lasst es sich frei entwickeln, ohne dass ihr es kontrollieren müsst und wollt.

Das ist ein großes Merkmal für die Neue Zeit. In der alten Zeit wurde eine Idee geboren, sie verbreitete sich, wurde kontrolliert und von den Menschen, die sie mitge-boren hatten, in eine Richtung gedrängt und gegen alles abgeschottet, was anders war. Das ist in vielen Bereichen so geschehen, und viele Gesellschaften haben sich so organisiert, indem sie bestimmte Bereiche ausgegrenzt oder andere einbezogen haben. Diese Ausgrenzungen haben dazu geführt, dass Kriege und Auseinandersetzungen entstanden und die Freiheit des Einzelnen nicht respektiert wurde. Doch wenn jetzt eine Idee bei euch geboren wird und ihr sie freilasst, sie sich frei entfalten kann, ohne Kontrolle, und jeder andere tut das ebenfalls, gibt es ein großes Feld an freien Gedanken und Ideen, aus dem sich das Beste für alle entwickelt.

Das ist euer Schatz, den ihr habt und in die Welt hineingeben und freilassen könnt. Nutzt diese Möglichkeit, wann immer ihr könnt. Fühlt die Freiheit des anderen, der frei entscheiden kann, ob er an diesem Schatz Anteil haben will oder nicht. Und fühlt eure eigene Freiheit, von einem Schatz des anderen zu profitieren, um ihn bei euch anzunehmen und in euch zu fühlen, dass auch das ein Impuls ist, der für euch einen Fortschritt, eine Entwicklung bringt, die euch guttut. Fühlt die Felder des anderen, wie sie sich entwickeln. Fühlt die Gedanken und Ideen, füllt euch mit dem, was euch gefällt, und lebt es mit Lust und Freude. Feiert Feste überall auf der Welt. Baut alle eure Beziehungen so aus, dass dieser Planet ein Planet des Friedens und der Einheit wird, in dem alle ihre persönlichen Wünsche, Überzeugungen und Ideen in ein Feld bringen, in dem sie sich verwirklichen können. Es ist Platz genug für alle.

Ich wünsche euch dabei ein offenes Herz, große Lust und Freude, und ich bin immer da, wenn es darum geht, diese Veränderungen in euch mitzuentwickeln. Ruft mich, wann immer ihr alte Verkrustungen auflösen wollt. Ruft mich, wann immer ihr Überzeugungen von Begrenzungen in euch spürt, die vielleicht nicht mehr ganz zu euch passen. ICH BIN mit der violetten Flamme immer da, wenn ihr es wünscht, und werde euch gerne helfen, hier Neues zu

kreieren und ganz klar den Fokus der Freiheit mit hineinzubringen. Das ist der allerwichtigste Bereich: die Freiheit
in allen euren Beziehungen und Kontakten, so, wie ihr es
selbst wollt.

ICH BIN, der ICH BIN. ICH BIN Saint Germain.

Saint Germain: Auf dem Fluss des Lebens

ICH BIN, der ICH BIN. ICH BIN Saint Germain.

Ich grüße euch auf das Allerherzlichste. Wir werden jetzt auf eine Reise gehen, bei der ihr eure inneren Angelegenheiten etwas tiefer anschaut, genauer erkundet, ein wenig mehr in die inneren Auseinandersetzungen mit all dem geht, was ihr um euch herum erlebt, was ihr als sogenannte Beziehungen in eurem Leben spürt, was euch in eurem Beziehungschakra noch nicht flüssig erscheint und wo noch die eine oder andere Blockade sitzt, die vielleicht ganz und gar hinweggeschwemmt wird.

Fühlt, wo ihr weich und locker seid. Fühlt, wo es fließt, und spürt, wo es noch blockiert. Alles, was euch bremst, will sich auflösen, will weich werden und den Fluss zulassen, der in euch ist. Ihr spürt immer mehr, dass sich in eurem Körper etwas tun will, Lebendigkeit hinein will, es sich bewegen und vibrieren möchte.

Alles ist ein Ausdruck und ein Aspekt der Zeit, in der ihr jetzt lebt, eurer Jetztzeit. Und morgen ist eine andere Jetztzeit und übermorgen wieder eine andere. So fließt euer Fluss des Lebens dahin, und ihr steht am Ruder und seht manchmal vor lauter Nebelschleiern und Wallungen des Flusses nicht, wo die Untiefen lauern, wo die Felsen am Rand sind, wo die nächste Biegung kommt, und vertraut darauf, dass der Fluss des Lebens euch mitnimmt. In den meisten Fällen tut er das auch, und ihr braucht nichts weiter zu tun, als darauf zu achten, in der Mitte des Stroms, eures Lebensstroms, zu bleiben, sodass ein Sicherheitsabstand zu den Ufern existiert, zu den Bereichen, die euch vielleicht stärker bremsen könnten.

Und manches Mal, wenn die Nebel vor euren Augen so dicht sind, dass ihr das Gefühl habt: „Ich weiß gar nicht, ob das Rauschen vor mir der nächste Wasserfall ist, der mich in die Untiefen hinunterreißt, oder ob es das Nahen des Regens ist, der sich durch das Blätterdach des Waldes ankündigt", steuert ihr lieber ans sichere Ufer und haltet an. Auch das ist gut. Das Innehalten ist ein wichtiger Aspekt dieses Lebens, ein Stück Sicherheit, das euch im Leben immer wieder erreichen wird. Manchmal baut ihr euch dann eine Hütte am Rand des Flusses, oder sogar ein Haus aus Stein. Und manchmal sperrt ihr euch für den Rest des Lebens in dieser Hütte ein und lasst den Fluss des Lebens an euch vorbeirauschen, ohne mitzuschwimmen. Ihr hört in der Ferne das Rauschen und denkt: „Das ist doch der Wasserfall, der mich in die Tiefe reißen würde." Vielleicht sind es aber auch nur einige Stromschnellen, die leicht zu umschiffen sind und vor denen ihr keine Angst haben müsst.

Dann gibt es Tage, an denen euch die Sehnsucht nach neuen Erfahrungen aus dem Haus treibt und wieder auf den Fluss hinauszieht. Wenn ihr das spürt, geht in euer Boot, auf euer Floß, auf euer Schiff, was immer es sei, und lasst euch weitertragen. Spürt, wie das Wasser des Lebens euch auf eurem Lebensfluss weiterträgt. Es ist das Wasser, das euch immer zur Verfügung steht und euch immer tragen will. Auch wenn es einmal Untiefen gibt, habt ihr genügend Kraft in euch, auf diesem Lebensstrom euer Leben zu führen und euer kleines Boot des Lebens bis in das große Meer zu bringen.

Auf dem Weg dahin begegnet ihr anderen Schiffen, anderen kleinen Booten, vielleicht auch einem großen Flussschiff. Und ihr werdet mit allen, die ihr unterwegs trefft, vielleicht eine Zeit lang gemeinsam auf dem Fluss des Lebens reisen, mit manchen sogar in den Nächten träumen. In diesen Träumen werdet ihr euch begegnen. Ihr werdet immer wieder mit den Menschen auf dem Fluss eures Lebens zusammengeführt, mit denen ihr Gemeinsamkeiten habt. Und ihr werdet auch immer wieder mit jenen zusammengeführt, mit denen ihr noch ein Hühnchen zu rupfen habt und ihr aus der Vergangenheit etwas mitgebracht habt, das noch nicht ganz geklärt ist.

So wird es wunderschöne Begegnungen in voller Liebe geben und solche, in denen es sich richtig reibt, in denen die Bootswände aneinanderknallen und es sich manchmal so anhört, als ob hier etwas kaputt geht. Ihr werdet also in diesem Lebensfluss nicht nur die glückseligen Momente haben, sondern auch an den Reibungen spüren, dass das menschliche Leben voller wunderschöner Wärme ist, die euch anheizen, in Wallung bringen, in euer Temperament hineinführen kann. Es ist wichtig, genau dies auch zu leben, wenn es euch erreicht. Es ist wichtig, auch in diesen Gefühlen, die euch vielleicht nicht so angenehm sind, authentisch zu sein und zu zeigen: „Das bin ich auch. Und wenn ich mich in dieser Art und Weise angegriffen fühle, gibt es auch ein Echo von mir."

Spürt, dass in den Beziehungen untereinander nicht nur immer eitel Sonnenschein ist, sondern dieses irdische Leben dazu da ist, auf der ganzen Breite der Möglichkeiten die Erfahrungen mitzunehmen, die hier möglich sind, und nicht nur auf dem Fluss zu fahren, wenn die Sonne scheint und das Wasser hell glitzert, sondern auch dann, wenn der Fluss scheinbar von anderen Schiffen verbarrikadiert ist und euch niemand durchlassen will oder die Steine so vielfältig sind, dass ihr Angst habt, der Rumpf eures Schiffes könnte sich verletzen.

Wenn ihr euch voller Kraft und Mut mit eurem eigenen Sein, das in dieser Welt euer Ausdruck ist, in den Strudel hineinwagt und den Fluss hinabfahrt, könnt ihr aus dieser inneren Kraft tatsächlich alles meistern, was euch begegnet. Diese Kraft, die in eurem Leben eure ICH BIN-Kraft ist, die ihr schon von Geburt an in dieses Leben mitgebracht habt, wird euch bis zum Ende begleiten und euch immer wieder herausfordern, in diesem Leben Neues zu erkunden, Altes hinter euch zu lassen, weiterzugehen, zu fahren, zu fließen, zu sein.

All das gibt es für jedes Leben in unendlich vielen Möglichkeiten. Die Potenziale, die ihr habt, um Erfahrungen zu machen, sind vielfältig und für jeden einmalig. Und alles, was ihr auf diesem Weg mitnehmt, wird euch bereichern, jede einzelne Erfahrung, sei sie liebevoll und sanft, oder manchmal grob und hart. Jede dieser Erfahrungen wird euch in diesem Spiel des Lebens ein Stück mehr zeigen, wie ihr seid. Ihr werdet mit jeder Erfahrung ein wenig mehr euer Sein reflektieren und die Kraft in euch stärker und leichter spüren. Mit jeder Begegnung, die ihr habt, werdet ihr euch neu orientieren. Mit jeder Begegnung, die in euch ankommt, könnt ihr euch neu finden und neue Aspekte auch eures Seins leben, die ihr vorher noch nicht gekannt habt.

So werdet ihr mit einer breiten Palette an Möglichkeiten den Fluss eures Lebens hinabfahren und Begegnungen haben, die vielfältig sind und sich bereichernd anfühlen, wenn ihr an der Mündung des großen Stroms in den Ozean hineinfließt. Ihr werdet dann eine Reihe von Leben hinter euch haben, eine unendliche Zahl, und ihr werdet mit den Erfahrungen der menschlichen Leben in diesem Ozean aufgehen. Das ist die Glückseligkeit, die euch erwartet, dieses Aufgehen im Ganzen. Wenn das individualisierte ICH BIN sich lange genug entwickelt hat, bleibt es das ICH BIN im Ganzen, und es definiert sich neu, es fühlt sich anders an, doch es ist immer noch das gleiche mit einem anderen inneren Zustand. Wenn die Leben, die ihr lebt, erfüllt sind, erfüllt sich in euch der Moment der Glückseligkeit, und jeder ist auf dem Weg dorthin. Jede Erfahrung wird euch auf diesem Weg ein Stück weiterbringen.

Wenn ihr jetzt euer Leben anschaut und seht, was ihr in eurer Körperlichkeit, in euren Partnerschaften und in den Beziehungen an euren Arbeitsstellen erlebt, wie ihr mit euren Freunden, Verwandten und Bekannten umgeht und sie mit euch, dann seht ihr, wie viele Facetten hier gelebt werden können. Und ihr bemerkt, dass ihr in den Auseinandersetzungen mit den Menschen, die um euch sind, genau das tun könnt, was ihr tun wollt, nämlich in eurer eigenen Kraft zu sein und das auszudrücken, was ihr seid, klar und deutlich mit dem zu sein, was ihr wollt und eure Meinung nicht hinter dem Berg zu halten, nur weil andere scheinbar stärker in ihrer Ausdruckskraft sind.

Je mehr ihr euch hier hineinfühlt und die Form findet, die sich in diesem Leben besonders ausprägen will, desto authentischer und klarer werdet ihr. Jeder von euch hat seine spezielle Art. Es muss nicht immer die laute, stolze Art sein, die mancher zum Ausdruck bringt, um die Menschen zu beeindrucken. Auch die leise, sanfte Art kann authentisch sein, die kraftvoll ist und mit Beständigkeit einhergeht und langsam, aber deutlich, immer wieder wirkt. Es gibt so viele Möglichkeiten, wie ihr euch ausdrückt, wie ihr mit den Dingen um euch herum umgeht und wie ihr den Menschen in eurer näheren und ferneren Umgebung begegnen könnt. Das Wichtigste ist, dass ihr die Begegnungen immer mehr aus dem Herzen heraus gestaltet und in das Gefühl kommt, dass jede Begegnung mit einem Wesen eine Herzensbegegnung ist.

In den Herzensbegegnungen gibt es auch Momente, in denen einmal „Nein" gesagt werden muss, in denen ihr euch einmal verweigern müsst. Nicht alles, was euch angetragen wird, muss erfüllt werden, nicht alles, was andere von euch erwarten, müsst ihr umsetzen. Aber prüft mit dem Herzen, ob es passt oder nicht und seid dann in euch klar. Sagt, was euch guttut, nehmt es von Herzen an, und sagt, wenn euch etwas nicht guttut, genauso deutlich: „Nein. Das passt jetzt nicht zu mir. Das will ich jetzt nicht annehmen."

Diese Klarheit in den Beziehungen untereinander wird sich immer mehr zeigen. Ihr werdet in der neuen Welt, die entsteht, Beziehungen in Partnerschaften, Familien und Freundeskreisen haben, die sich nicht mehr von den dominanten Persönlichkeiten erdrücken lassen, sondern die lauteren, herrschenden Menschen werden leiser und ruhiger und die ruhigen, zurückhaltenden Menschen stärker in ihrer Kraft, sodass ein Ausgleich geschieht. Das heißt nicht, dass es nicht noch Temperamente geben wird, die unterschiedlich sind, aber die Unterdrückungsmechanismen werden in der Zukunft nicht mehr funktionieren. Das heißt: Die Ruhigen, Stillen, werden in ihrer eigenen Kraft sein und ein klares „Nein" sagen, auch wenn die Herrschenden noch so sehr Druck machen.

Ihr werdet es nicht nur in der Familie spüren, dass sich Menschen voneinander trennen, weil es nicht mehr zusammenpasst, sondern auch im Freundeskreis, dass sich alles neu ordnet und sortiert. Ihr werdet es sogar in euren Firmen, euren Religionsgemeinschaften bis hin zu den staatlichen Organisationen finden: Alles wird neu definiert und ordnet sich neu. Die alten Kräfte werden sich nicht mehr durchsetzen können, denn die neue Welt will sich vom Herzen her organisieren. Und mehr und mehr werden sich die hierarchischen, unterdrückenden Strukturen auflösen und akzeptieren, dass die Freiheit für jeden nicht nur eine Floskel ist, sondern die persönliche Freiheit des Einzelnen in der Gemeinschaft einen wichtigen und zentralen Punkt einnimmt und gelebt werden will.

Die Freiheit, von der ich spreche, ist nicht nur die Freiheit der Gedanken und Worte, sondern auch die der Taten in dieser Gesellschaft, damit das, was du für richtig hältst, dein Lebenswerk oder ein Teil deines Lebenswerks sein kann, und das, wo du dich hingezogen fühlst, tatsächlich der Teil ist, dem du dich hingibst und die Früchte deines Tuns der Gesellschaft, in der du lebst, aus deinem Sein heraus schenkst. Und du schenkst es nicht nur den Menschen in deiner Umgebung, deiner Familie, deinen Freunden, sondern auch dir. Du schenkst dir die Erfüllung deines Lebens, die Erfüllung deiner Träume, die Erfüllung deiner Wünsche. Du schenkst dir das Leben auf dieser Erde so, wie du es dir wünschst.

Diese Freiheit wird sich entwickeln. Dabei wird es immer Menschen geben, die aus ihren alten Berufen und Verbindungen aussteigen und sich neu orientieren – langsam, aber stetig. Die Welt wird in dreißig Jahren nicht mehr dieselbe sein wie heute. Das Selbstverständnis des Einzelnen wird ein anderes sein. Und die ICH BIN-Kraft der Menschen, die jetzt geboren werden, wird sich mehr und mehr dahin entwickeln, dass sie erkennen, wann sie in ihrem Leben wirklich frei sind und wann sie wie Gefangene behandelt werden. Sie werden sich noch mehr als heute dagegen wehren, Sklaven der Gesellschaft, des Konsums und der Dinge zu sein, die bei euch den Druck in der Gesellschaft ausmachen. Sie werden sich von all dem frei machen.

Genauso wie es sich in vielen Teilen der Welt mit den Hierarchien verhält, die sich in den staatlichen Strukturen auflösen, werden sich auch die Hierarchien der wirtschaftlichen Strukturen auflösen, und die Menschen, die in ihrer persönlichen Entscheidung sind, werden nur noch das annehmen, was ihnen im Herzen wichtig ist. Alle anderen Dinge lösen sich auf. Das ist eure Zukunft. Auch diejenigen, die heute vielleicht schon vierzig, fünfzig oder älter sind, werden diese Zukunft für sich erleben. Ihr seid dabei, die Welt neu zu gestalten und eine Neue Erde zu schaffen, in der Beziehungen herzlicher sind, die Wunden der Vergangenheit heilen, und diese neue Zukunft ganz und gar mit eurer Kraft zu gestalten.

In der persönlichen Freiheit, die ihr dann lebt, liegen all die Schätze, die in diesem Leben angeschaut und gehoben werden wollen, all die Dinge, die ihr noch erwartet und die noch auf euch warten. Wenn ihr in dieser inneren Freiheit angekommen seid, werdet ihr mehr und mehr zum Schöpfer, zum Mitschöpfer dieser Erde, der mit seinen kreativen Kräften die Welt verändert.

Dabei gibt es alle Unterstützung von der Geistigen Welt, die ihr braucht, denn wir sind mit euch verbunden, allein schon, weil ihr immer einen Anteil von euch in unseren Gefilden habt. Ihr seid nicht nur dieser Körper, ihr seid mit Anteilen, die ihr zurückgelassen habt, als ihr in diesen Körper hineingegangen seid, auch noch bei uns, und diese Verbindung wird immer stärker und klarer. Sie wird euch immer bewusster werden und euch helfen, Anteile von euch wieder anzunehmen, die im Moment noch nicht erreichbar sind, Ebenen in euch zu fühlen und in eure Körperlichkeit hineinzunehmen, die jetzt noch nicht da sind. Mit dieser Schöpferkraft, die ihr dann entwickelt und die jetzt schon in euch gärt, werdet ihr das Leben auf der Erde in einer Art und Weise gestalten, dass es wieder ein Paradies ist, in dem alle Menschen einander in Frieden und Freiheit zugetan sind. Und damit wird die nächste Dimension auf dieser Erde Wirklichkeit werden.

Auf diesem Weg gibt es noch die eine oder andere Hürde, den ein oder anderen Stolperstein, die eine oder andere Untiefe im Fluss des Lebens, es gibt noch Ecken und Kanten in euch, die geschliffen und gereinigt werden wollen. Und es gibt noch den einen oder anderen Ballast, den mit euch herumschleppt und der über Bord geworfen werden muss. Schaut doch einmal in euren Kleiderschrank. Das würde schon ein ganzes Stück weiterhelfen, denn hier ist praktisch nur der Ballast, den man leichten Herzens abgeben kann. Werdet also das los, was ihr nicht mehr braucht. Euer Lebensrucksack ist noch schwer genug.

Aber Ballast befindet sich nicht nur in euren Kleiderschränken − nein, auch Ballast, den ihr in Bezug auf Verantwortung schleppt ihr auf eurem Rücken herum. Verantwortung − für wen? Verantwortung oder andere Lasten, die euch andere immer wieder auf die Schultern setzen mit den Worten: „Mach du mal." Wie oft geschieht das? Wie oft nimmst du das an? Und wann ist die beste Gelegenheit zu sagen: „Nein, nein. Das ist nicht meins. Das ist deins. Behalte es." Schaut euch an, wo ihr euch beladen lasst und wo ihr diese Verantwortung wieder abgeben könnt.

So wie ein Kind aufwächst, größer, klarer und sicherer wird und die Verantwortung für sein eigenes Leben selbst mehr und mehr übernimmt, kann auch jeder andere, der sich an euch geheftet hat, die Verantwortung für sein Leben wieder selbst übernehmen. Warum glaubt ihr manchmal, dass ihr Verantwortung tragen müsst für das, was sich eure Eltern als Lebensweg ausgesucht haben, auch wenn es am Ende des Lebens etwas schwer wird? Warum glaubt ihr, dass ihr all das tragen müsst, was sie von euch verlangen? Es gibt Momente, in denen ihr auch „Nein" sagen könnt: „Das, was du mir hier anträgst, ist nicht meins. Es gibt Dinge, die deine bleiben, auch bis zum Ende deines Lebens."

So könnt ihr euch von mancher Verantwortung und manchem Ballast befreien und nicht erst warten, bis ihr selbst an der Schwelle steht und in die Astralwelt hinübergehen wollt, wo ihr sowieso alles loslassen müsst. Das Leben kann vorher sehr viel leichter und angenehmer werden, wenn ihr abgebt, was ihr nicht mehr braucht. Geht leicht und frei durch dieses Leben und fühlt euch damit glücklicher, klarer und von Herzen befreit. Befreit euch von dem Ballast und lebt die Liebe eures Herzens. Öffnet euer Herz und umgebt euch mit dem, was euch angenehm ist, euch glücklich macht und in Schönheit erstrahlen lässt.

Das ist es, was jeder von euch in diesem Leben als Besonderheit tun kann: Strahlt in Schönheit, jeden Morgen, wenn ihr in den Spiegel schaut. Lächelt, wenn ihr euch in die Augen seht. Erkennt, welche Göttlichkeit in euch schlummert, und weckt sie, wenn ihr in den Spiegel schaut, auch frühmorgens, wenn ihr noch nicht klar sehen könnt! Und schon gehört der neue Tag euch, und die Nacht dazu. Und wenn ihr es am nächsten Morgen wieder so macht, gibt es keinen Tag, der nicht euch gehört, an dem ihr nicht im Reinen mit euch selbst seid und der nicht voller Glückseligkeit ist.

Alle Entscheidungen, die ihr trefft, seien es schwierige oder weniger schwierige, werden leichter und lockerer, wenn ihr mit diesem Gefühl durch den Tag geht. Alles, was euch dann zuströmt, bereichert euch. Und alles, was ihr abgebt, bereichert andere, und sei es nur die Müllkippe. Auch sie braucht Fülle. Gebt ab, was ihr nicht mehr braucht, und verschenkt es. Je mehr ihr verschenkt, desto weniger muss produziert werden. Ihr könnt also euch selbst von unnötiger Arbeit entlasten. Und wenn alle nur noch das nehmen, was sie tatsächlich brauchen, müsste vielleicht jeder von euch nur noch vier bis fünf Stunden am Tag arbeiten.

Das ist es, was ihr in der Zukunft tun könnt. Ihr seid so klar mit dem, was ihr machen könnt, und lasst euch doch so leicht wieder von den sogenannten Zwängen des Alltags einfangen. Je mehr ihr euch davon befreit, desto weniger müsst ihr Frondienste in der Arbeitswelt leisten, sondern nur noch das tun, was euch wirklich Freude bereitet.

In diesem Sinne wünsche ich euch viele neue Erkenntnisse, über euren Kleiderschrank und andere Dinge, die euch belasten. Lasst euch nicht entmutigen, euch Schritt für Schritt von allem zu befreien, was euch einengt und die Freiheit nimmt.

ICH BIN, der ICH BIN. ICH BIN Saint Germain.

Lady Nada:
Ein Anteil in dir liebt dich so, wie du bist

ICH BIN Lady Nada.

Ich komme auf dem rubinroten Strahl zu euch, auf dem Strahl der Liebe, der Demut und des Dienens. Ich weiß, dass ich damit Worte gesagt habe, die eine merkwürdige Resonanz hervorrufen. Ich weiß, dass Demut und Dienen nicht unbedingt zu den Lieblingsworten in dieser Gesellschaft gehören, und dennoch gehören sie dazu. Die bedingungslose Liebe und die Annahme aller Wesen, so, wie sie sind, auf meinem Strahl.

Es ist die göttliche Qualität, die sich jetzt mehr und mehr zeigt, die göttliche Qualität, dass jeder, gleichgültig, wer er oder sie ist, angenommen, geehrt, geliebt und geachtet wird, unabhängig von äußeren Formen, Herkunft, Abgrenzung oder innerer Ausrichtung. Die Liebe fragt nicht danach, wer du bist oder was du kannst. Die Liebe fragt niemals, wo du hin willst, sondern sie ist da und begegnet dir, *wo* und *wie* du bist. Es gibt nichts an dir auszusetzen.

Die Liebe, die durch mich wirkt, ist die Kraft des selbstlosen Dienens, die alles lässt, wie es ist, und unterstützt, wo sie kann. Es ist die Kraft, die in dir die Angst, die du manchmal im Solarplexus fühlst, annimmt, wie sie ist, und sie wandeln kann, wenn du es zulässt. Es ist die Kraft, die die Wut im Bauch anerkennt, wie sie ist, und sein lässt, ohne sie verändern zu wollen. Sie nimmt dich mit allen deinen Gefühlen, Widerständen und inneren Prozessen an. Sie lässt dich niemals allein.

Gleichzeitig ist sie da, um dir in jedem Prozess, der in dir beginnt, zu helfen, das umzusetzen, was du möchtest. Sie hilft dir, jede kleine Ängstlichkeit in Kraft und Stärke umzuwandeln. Sie hilft dir, jede Wut, die in dir entsteht, in Liebe zu verwandeln. Sie schafft es, selbst den stärksten Hass zu verändern, milder und weicher werden zu lassen, bis auch er sich vollkommen verändert hat. Die Liebe, die durch mich wirkt, ist eine Kraft, die auf dieser Erde keinen Gegenspieler kennt, der ihr gewachsen wäre. Sie erreicht jeden von euch, wirkt hier und verändert – sanft, langsam, aber nachhaltig und stetig. Es ist der Aspekt, der in euch immer wieder neu entdeckt und zu dem wird, was in euren heiligen Büchern oft beschrieben ist: Liebe deinen Nächsten so, wie du dich selbst liebst.

Dieser Aspekt ist in dieser Welt, in dieser Zeit, schwer zu verdauen. Er wirkt fast wie ein Anachronismus in dieser so schnelllebigen und aktiven Welt, in der alles andere wichtiger zu sein scheint als die Liebe. Dennoch fühlst du dich ohne sie arm und klein, zurückgelassen und vereinsamt, und vielen von euch fällt es schwer, zu sich selbst zu sagen: „Ich mag mich." Ich will noch nicht einmal das Wort „Liebe" nennen. Viele von euch bekommen es nicht hin, in den Spiegel zu schauen und zu sagen: „Ja, ich schaue mich an. ICH BIN diejenige, derjenige, der hier in den Spiegel schaut, und ich liebe mich so, wie ich hier bin, mit allen meinen Anteilen."

Und doch gibt es einen Aspekt in euch, der euch genau so ansieht. Es ist eure Seele, die euch immer wieder so ansieht und euch so liebt, wie ihr seid. Sie ist immer bei euch. Sie ist leise. Ihre Worte sind nicht laut. Manchmal flüstert sie sogar, und manchmal schaut sie euch einfach nur liebevoll an oder fühlt liebevoll in euch hinein. Aber sie ist immer da, und ihre Liebe ist immer vorhanden. Niemals seid ihr ohne die Liebe. Niemals seid ihr ohne diese Kraft in euch, weil sie die einzige ist, die das Leben tatsächlich so erhalten kann, dass es in jeder Form möglich ist. Sie ist die Kraft, die alles am Leben hält und wandelt, was ist. Sie ist die Kraft, die nichts verurteilt, alles anerkennt und niemanden hinten anstehen lässt.

Fühle, wie der rubinrote Strahl dich erwärmt, wie er sich in deinem Körper ausbreitet. Fühle, wie das Machtzentrum in dir, das dir so oft deine Ohnmacht zeigt, von dieser Liebe durchströmt wird. Fühle, wie sich dort, wo alle deine Emotionen sitzen, durch die Kraft der Liebe alles öffnet und weitet und wie weich du wirst. Spüre hinein, wie die Härte des Lebens, die deine Emotionen immer wieder an die Seite schiebt und nicht wichtig nimmt, wie die Ablehnung der Menschen, vor der du oft eine große Angst entwickelt hast, Furcht davor, dass es wieder und wieder geschieht, wie alle diese Dinge durch die Kraft der Liebe vollkommen aufgelöst werden.

Fühle, wie es weich in dir wird, wie es sich auflösen und verändern will und dass du auch diese Kraft in dir hast, dich selbstlos für eine Sache oder einen Menschen einzusetzen, die Kraft, die in dir ist und dich durch die Liebe so stark macht, dass du gerne freiwillig und ohne Druck etwas tust, das nur für jemand anderen ist, das dir keinen Vorteil bringt, das dir nichts wiedergibt, sondern du nur aus einem Bedürfnis heraus so handelst, dass du gibst.

Fühle, dass diese Kraft in dir ist und dieser göttliche Strahl auch durch dich wirken will. Es ist eine große Kraft, die so weich und sanft daherkommt, dass sie manchmal in eurem Alltagstrubel nicht so recht wahrgenommen und gefühlt wird. Es ist eine Kraft, die auch gerne vom Verstand zur Seite geschoben wird, um nicht im Vordergrund zu sein. Und es ist eine Kraft, die dich selbst nicht erhöht, dir aber einen Mut gibt, der so stark ist, dass du dich mit dieser Liebe gegen alle Widerstände in eine tätige, aktive Handlung hineintragen lässt, die allen dient, denen du diese Handlungen entgegenbringst.

Gleichzeitig nimmst du dich zurück und schaust, wie es sich entwickelt, erwartest nichts und bist dabei stark wie nie zuvor. Diese Kraft ist in dir und wächst beständig, wenn du sie nährst. Sie wächst beständig, sooft du an sie denkst, und sie lässt dich das Leben anders sehen: dass du ein Teil von vielen bist und indem du etwas für andere tust, der gesamten Menschheit einen Dienst erweist.

Dienen ist auch eine Sache, die in dieser Gesellschaft einen merkwürdigen Beigeschmack hat. Das Dienen in Liebe und Demut ist kein unterwürfiges Dienen in Knechtschaft und Abhängigkeit, sondern eine freiwillige Entscheidung des Einzelnen, seine Kraft für andere zu geben, freiwillig und ungezwungen, liebevoll und achtsam, mit einem großen Respekt für jeden Menschen, dem diese Kraft dann zugute kommt. Es ist eine innere Stärke, ein inneres Wachstum, das hier gebraucht wird, um diese Aspekte der tätigen Liebe hervor- und darzubringen. Etwas, das in jedem von euch ist und jeder von euch schon bekommen hat.

Das ist die Kraft, die in euch Wandlung vollbringt: Von jemandem, der in dieser Gesellschaft etwas sein will und muss, um Beachtung und Aufmerksamkeit zu bekommen, um das Gefühl zu haben, geliebt zu werden, zu jemandem, der diese Liebe so stark in sich fühlt, dass es ihm nicht auf die äußeren Bezeugungen von Liebe und Achtung ankommt, sondern aus seinem Inneren heraus öffnet und liebt. Fühle, dass ich diese Liebe geben werde. Fühle, dass diese Liebe auf dieser Welt existiert, fühle die vielen Personen, die diese tätige Nächstenliebe schon stellvertretend für euch gezeigt haben, und spüre, dass in diesen Taten und Menschen immer eine Kraft gewirkt hat, die aus der göttlichen Ebene kam und einfach nur wirkte.

Fühle dich angenommen, gestärkt und achte immer darauf, wenn du etwas gibst, warum du es tust. Achte immer darauf, ob es ein Geben ist, das ein Nehmen mit beinhaltet – dann ist es gut und wunderbar, weil ein Austausch geschieht. Aber dann ist es nicht der Strahl und die Liebe, von der ich spreche. Und wenn du spürst, dass in dir ein Gefühl aufsteigt, das einfach nur geben will, einfach nur Liebe ausstrahlen möchte, einfach nur offen sein möchte für jeden, wie er ist, dann spürst du das, was durch mich repräsentiert wird. Fühle dich so angenommen, wie du bist, von dieser Emanation des göttlichen Strahls der rubinroten Liebe. Fühle dich angenommen und so in deiner eigenen Liebe, wie du es dir immer gewünscht hast, in der Geborgenheit, im Schutz und in der Zuwendung, die du für dich brauchst.

Wenn du genug getankt hast, was jetzt fließt, wenn du sozusagen von diesem göttlichen Strahl der Liebe überfließt, dann wirst du automatisch genau das weitergeben und -fließen lassen, was dir zugute kommt und was du in dir hast. Aber du kannst es erst dann bedingungslos weitergeben, wenn du es auch bedingungslos annehmen kannst, wenn du lernst, es in dir aufzunehmen und nicht fragst: „Was muss ich denn jetzt tun?" „Was ist denn jetzt die Gegenleistung?", sondern du dich vollkommen darauf einstellst, zu empfangen, dich hingibst, um den Strahl der Liebe zu empfangen, der aus der göttlichen Quelle kommt, dich für die Kraft öffnest, die auch in dir wirken will, und dann wartest, bis es überquillt. Du brauchst nichts zu tun, außer dein Gefäß zu öffnen und dich mit dem füllen zu lassen, was du dir immer gewünscht hast.

Lass es in dir wirken, fühle weiter in dich hinein. Jedes Gefühl in dir will mit dieser Kraft gefüllt und kann durch diese Kraft gewandelt werden. Lass dich auftanken.

ICH BIN Lady Nada.

Lady Nada:
Die große Kraft der Toleranz in Liebe

ICH BIN Lady Nada.

Mein Thema heute hat mit eurer Kraft zu tun, die ihr gerne in euch versteckt, die wie eine Urkraft in euch wirkt und sich in jedem von euch entfalten will: die Kraft des Nährens, des Dienens, der inneren Stärke und des Gebens an jeden, der euch umgibt. Es ist eine urweibliche Kraft, die in jedem von euch ist. Sie kann euch über viele Dinge hinwegtragen, die euch als Hindernis auf dieser Erde begegnen, und lässt jeden, der es möchte, weiterwachsen, gedeihen und in seine Stärken kommen.

Fühlt, dass ihr in eurem Bauch, in dem Bereich, wo euer Solarplexus ist, diese Bandbreite zwischen unendlicher Stärke und Kraft und vollkommener Ohnmacht empfinden und fühlen könnt. Seht, was in euch geschieht, wenn ihr in den Pol geht, der euch ohnmächtig erscheinen lässt. Fühlt hinein, wie es euch an einigen Punkten eures Lebens ergangen ist, als ihr euch vollkommen hilflos gefühlt habt. Spürt dieses Ausgeliefertsein an fremde Mächte, die euch lenken und leiten wollen, und fühlt dann auch den Wechsel in euch, wenn ihr mehr und mehr in eure eigene Kraft, in euer eigenes Sein kommt, in den anderen Pol hineingeht und selbst Macht ausübt, selbst die Richtungen vorgeben und mit euren Möglichkeiten der Manipulation Menschen und Dinge in bestimmte Richtungen drängen wollt.

Fühlt auf der einen Seite dieses Ausgeliefertsein, und auf der anderen Seite das Drängen und Lenken und dass beide Pole Auswüchse sind, die sich in euch ausgleichen wollen. Fühlt, dass ihr hier mit eurer inneren Kraft nur noch euch selbst lenken und führen möchtet. Ihr könnt zwar Hilfestellung für andere geben, aber ihnen nicht den Weg vorschreiben. Sie werden ihn selbst finden – jeder für sich. Ihr möchtet genausowenig von anderen vorgeschrieben bekommen, wo euer Weg langgeht. Diese Freiheit braucht ihr in euch, so, wie jeder andere auch.

Vielleicht erkennt ihr die Gründe, die dazu führen, dass ihr manchen Menschen den richtigen Weg weisen wollt, weil ihr ihn als *euren* richtigen Weg erkannt habt. Wenn ihr zum Beispiel immer dann, wenn ihr glaubt, dass Menschen auf dem Irrweg sind, einen Drang in euch spürt, ihnen auf den richtigen Weg zu helfen. Dieses Thema, eine Mission zu erfüllen, missionarisch tätig zu sein, klingt manchmal auch in euch an. Wie ergeht es euch dabei, wenn andere dies mit euch tun, wenn ihr gedrängt werdet, bestimmte Richtungen einzuschlagen, bestimmte Glaubensmuster anzunehmen, um bestehen zu können und angenommen zu werden?

In jedem von euch ist die Kraft, andere ihren Weg gehen zu lassen, ohne euch einzumischen, selbst wenn es sich um geliebte Menschen aus eurem näheren Umfeld handelt. Die Kraft hilft euch zu ertragen, dass jeder seinen eigenen Weg geht. Spüre, dass du es aushalten kannst, dass in dir die Kraft des Ertragenkönnens ist, dass die Vorstellungen und Erwartungen, die ihr habt, nichts mit dem zu tun haben, was er oder sie sich wünscht, wie er oder sie den Weg durchs Leben gehen möchte. Spürt, dass dieses Zurücknehmen der eigenen Wünsche und Forderungen eine große Kraft ist, die dem anderen mehr dient, ihn mehr unterstützt, ihn auf seinem Weg besser und leichter gehen lässt, als wenn ihr ihm ständig vorschreiben wolltet, welchen Weg er gehen soll.

Fühlt, dass der andere durch eure Liebe – gleichgültig, was er oder sie gerade tut – viel mehr Unterstützung bekommt, als wenn ihr ihm gute Ratschläge erteilt. Dieses Mitgefühl auf den Wegen der Menschen ist eine Kraft und eine Macht, die sie unterstützt und trägt und sie leichter und schneller ihren Weg finden lässt, wenn ihr ihnen eure Liebe gebt – nicht mehr, aber auch nicht weniger. Diese innere Haltung ist eine Stärke, die alles trägt und bejaht, nichts verurteilt, sondern jeden so sein lässt, wie er will, und voller Liebe zu jedem Wesen, zu jedem Weg auf dieser Welt ist, zu jeder Möglichkeit, den Lebensweg so zu gehen, wie er sich für euch richtig anfühlt.

Wenn ihr das in euch fühlt, erkennt ihr leicht, welche Menschen *euch* genauso entgegenkommen und euch so lassen, wie ihr seid, wo euch ein inneres Gefühl von Freiheit entgegenkommt, wo Mitgefühl für alles ist, was ihr tut und wohin ihr geht, und wo gleichzeitig eine völlige Freiheit und Offenheit für alles ist, was ihr denkt, tut und fühlt, wo euch niemand einschränkt und bedrängt, aber wo ihr euch immer austauschen, beraten könnt, wenn ihr es möchtet, und dann ehrlich und klar mit euch gesprochen wird, aber ohne Drängen und Manipulation, sondern in Freiheit.

Dies zu halten, zu tragen, diesen Mut zu haben, Menschen Wege gehen zu lassen, von denen man schon im voraus ahnt, dass sie nicht leicht sein werden, sondern voller Schmerzen für den Menschen, und sich trotzdem zurückzuhalten und den Weg freizulassen, in großer Demut und Liebe für den Weg des Menschen, ist die Kraft, die sich in euch entwickeln kann.

Auf der Ebene, von der ihr kommt und in der ihr euch überlegt habt, wie ihr den Lebensweg auf dieser Erde gehen wollt, habt ihr das alles gewusst. Auf dieser Ebene, als ihr euch entschieden habt, ein neues Leben auf dieser Erde zu leben, um bestimmte Erfahrungen zu machen, wusstet ihr immer, dass die Wege unterschiedlich sein würden, und ihr habt euch gegenseitige Unterstützung versprochen. Unterstützung bedeutet in diesen Fällen immer, dass der Weg gegangen werden kann, der von jeder Seele gewollt ist, und dass der Verstand und die gesellschaftlichen Bedingungen manchmal außer Kraft gesetzt werden, um auf diesem Weg die Erfahrungen zu machen, die gerade anstehen.

Die Herzensliebe, die dazu erforderlich ist, Menschen ganz und gar anzunehmen, obwohl ihr Weg völlig entgegengesetzt zu dem ist, was du selbst fühlst und denkst, ist das größte Geschenk, das du machen kannst, weil du sie dann nämlich so annimmst, wie sie sind. Es erfordert von dir innere Stärke und Kraft, die sich in dir entwickeln können, obwohl du vielleicht denkst: „Ich möchte aber, dass es ihm oder ihr besser geht. Ich möchte nicht, dass sie diesen Weg geht, weil ihr das wehtun wird. Ich möchte, dass sie das tut, was ich gerne möchte, weil wir dann alle mehr davon haben, und es wird sich anders auf unsere Familie auswirken. Und wir haben ja auch noch die Menschen um uns, die Erwartungen an uns haben. Wie stehen wir dann da, wie reden die Menschen über uns, wenn meine Tochter, mein Sohn, meine Frau, mein Mann Wege gehen, die in dieser Gesellschaft nicht anerkannt sind? Was geschieht dann?"

Der Wandel der Zeit bringt es mit sich, dass sich die Gesellschaft der Menschen von sehr festgelegten, strengen und engen Stammeskulturen zu toleranten, liebevollen und offenen Gemeinschaften entwickelt, die alles in sich tragen, was es an Ausdrucksmöglichkeiten in dieser Welt gibt. Und der Weg dahin, dass Menschen tatsächlich alte Muster und Vorstellungen von Richtig und Falsch überwinden, um Platz für neue Möglichkeiten zu schaffen, ist eine der größten inneren Schwierigkeiten, die viele haben. Die innere Kraft, das zuzulassen, hat damit zu tun, die eigene Macht, die in euch gewachsen ist, wieder zurückzunehmen, um jedem Menschen die Möglichkeit zu geben, sein Leben in seiner Kraft und Stärke zu führen und es nicht durch eure Kraft und Stärke zu beeinflussen.

Jetzt kannst du natürlich sagen: „Ja, das geht doch gar nicht." Und du hast recht. So lange ihr in diesem menschlichen Körper seid, könnt ihr immer nur einen gewissen Grad von Freiheit geben. Ihr könnt nur einen gewissen Grad von Toleranz zeigen, weil jedes Wort, das ihr mit jemandem wechselt, natürlich beeinflusst. Ihr seid mit euren Feldern, die ihr um euch herum aufbaut, kraftvoll und machtvoll, je stärker ihr werdet. Und natürlich baut ihr damit auch Einflussfelder auf, die sich zum einen gegenseitig ergänzen, und zum anderen entgegengesetzt entwickeln. Und ihr habt, wenn ihr in dieser Kraft ankommt, wenn ihr akzeptieren könnt, dass andere ihren eigenen Weg gehen, trotzdem mit eurer Kraft Einfluss auf ihre Kraftfelder.

Diese Kraft des Zulassens lässt in den Feldern anderer Spuren zurück, an die sie sich erinnern werden und die ihnen den Weg ebnen, selbst in diese Kraft zu kommen, sodass sich durch die gesamte Entwicklung der Menschheit hindurch die Kräfte der Freiheit und Toleranz – auch wenn es immer wieder Schwankungen gibt – immer mehr stärken und die manipulativen und unterdrückenden Systeme mehr und mehr aushebeln, und zwar durch Erfahrungen, die jeder individuell macht. Dieses Spiel der Macht und des Veränderns spielt ihr nun schon seit vielen Jahrhunderten und Jahrtausenden.

Freiheit zu geben und gleichzeitig die eigene Kraft und

innere Stärke in Ruhe und Gelassenheit auszustrahlen, ist etwas, das auch beeinflusst, aber nicht manipuliert. Es ist ein großer Unterschied zwischen Bedrängen und Einengen der Entscheidungsfreiheit des Einzelnen und einem freien und offenen Sein, das ausdrückt, was du selbst für gut und richtig hältst, aber niemanden bedrängt, sondern jedem die Freiheit lässt, anders zu denken und zu fühlen. Dies auszuhalten, gerade in Gemeinschaften und Familien, wo Menschen zusammenkommen, die mit unterschiedlichen Lebensentwürfen durch dieses Leben gehen, ist eine große Herausforderung an die eigenen inneren Toleranzschwellen.

Kraft und Macht sind immer dazu da, um sie für sich selbst einzusetzen. Die Macht und die Kraft zu haben, sich selbst durch die Widrigkeiten des irdischen Lebens zu lenken und zu leiten, das ist es, was hauptsächlich in euch wächst und euch stärkt. Und die Kraft des Handelns, des Haltens und alles so zu lassen, wie es ist, ist gleichwertig. Es gibt in eurer Gesellschaft heute eher dieses innere Gefühl, dass die Kraft des Tuns, des Handelns, des Veränderns die bevorzugte ist, die als etwas Gutes, Starkes und Lobenswertes gesehen wird, und oft wird dadurch die Kraft vernachlässigt, die im Hintergrund alles hält, trägt und zulässt, was auf dieser Erde möglich ist, die Kraft, die durch die Erde selbst repräsentiert wird und alles ermöglicht.

Fühle, dass diese urweibliche, diese innere Selbstermächtigung, alles zuzulassen, was mit dir geschieht, auch in dir ist. Alles, was du bist, sollte auf deinem Weg auch von dir anerkannt und geliebt werden, und dass du dich annimmst, wie du jetzt bist. Dazu bedarf es manchmal einer größeren Kraft, als Dinge, die sich in dir entwickeln wollen, abzulehnen und zurückzudrängen. Es braucht große innere Stärke, um zu sehen, dass der Perfektionismus, den du gerne anstreben möchtest, nicht in dir ist, sondern hier aus deiner persönlichen Sicht Mängel sind, und du dann in dir selbst erkennen kannst: „Ja, so bin ich", und dich nicht verstellst, sondern dich anschaust, wie du bist, mit allen Vorzügen, aber auch den Mängeln.

Wenn du in dir fühlst, welche Unzulänglichkeiten noch vorhanden sind und du dich trotzdem in deiner Ganzheit so sehen kannst und weißt, dass all das deinen Weg beschreibt, den du durch dieses Leben gehst und du dafür vollkommen geliebt bist, dann hast du eine Kraft entwickelt, die dich durch die Täler wieder in die Höhen trägt. Und du wirst die Höhen und Tiefen des Lebens gleichermaßen lieben lernen, weil jeder Ab- und Aufstieg dich stärkt und der Weg durch dieses Leben dir immer mehr Kraft und Stärke gibt. Du bist mit deinem Sein immer auf dem Weg deines Lebens, und jeder, der dich so lässt, wie du bist, dient dir und deinem Leben. Und genauso dienst auch du jedem Menschen, dem du nichts vorschreibst.

Diese innere Haltung ist eine sehr mutige und kraftvolle. Es ist der Mut des Zulassens, des Dienens, der Mut und die Kraft, die in dem Wort Demut stecken. Diese Kraft hält alles aus, trägt durch jedes Leben, und in ihr ist jeder von euch unendlich geborgen. Es ist die Kraft der weiblichen Urkraft, die alles nährt und schützt, was ist, gleichgültig, wie es sich entwickelt, die alles stärkt und sich so entwickeln lässt, wie es sich entwickeln will, und wo nichts unterdrückt und kleingehalten wird. Fühle in dir, dass die Sonnenkraft dieses inneren Seins auch dich durchströmt, wie sich diese Kraft in dir regt und du Teil hast an dieser Urweiblichkeit, die dich immer und überall so sein lässt, wie du bist.

Die Welt braucht diese Kraft mehr und mehr. Das Zurückgezogensein, das innere Sein und Zulassen all deiner inneren Anteile ist genauso wichtig wie das Tun im Außen. Gönne dir ab und zu die Zeit, diese innere Kraft in dir aufzusuchen. Gönne dir ab und zu den Raum, dich zurückzuziehen, um diese innere Kraft in dir zu fühlen und zu spüren. Lass dich darauf ein, dass auch du, gleichgültig, ob du in einem männlichen oder weiblichen Körper bist, mit der Urkraft des Lebens immer verbunden bist, dass du in der Liebe dieser Kraft auf deinem Weg wächst und gedeihst, und dass alles auf diesem Weg richtig *für dich* ist, nicht für deine Nachbarn, nicht für deine Freunde, sondern *für dich,* und du erkennst, dass auch der Weg der anderen richtig ist, so, wie *sie* ihn gehen.

Diese Erkenntnisse werden in jedem Menschen immer stärker werden, und ihr werdet durch diesen Teil in euch das Zusammenleben fördern und stärken, auf Herzensebene

verbessern und schöner gestalten. Ihr werdet euch ange-
nommener fühlen, liebevoller versorgt, und diese liebevolle
Anteilnahme auf jeden ausstrahlen, der euch auf eurem
Lebensweg begegnet – mehr und mehr. Dieser Teil eures
inneren Seins, der sich über die Jahrhunderte und Jahrtausende von Macht und Stärke, Königswürde, bis hin zu
Bettelei, Unterdrückung und Sklavensein in allen Facetten
geäußert hat, kommt in ein Gleichgewicht, in dem die Kraft
und die Stärke des Zulassens aller Wege in euch geweckt
wird. Dann ähnelt ihr den Schutzengeln, die mit euch sind,
den hohen geistigen Kräften, die euch täglich begleiten, die
zusehen, wenn ihr stolpert, die euch helfen, wenn ihr wieder
aufsteht, die euch manchmal vor Irrwegen warnen und sie
euch trotzdem gehen lassen, wenn ihr es wünscht.

Ihr werdet mehr und mehr zu Menschen, die ihren
Mitmenschen auf dem Weg begleitend zur Seite stehen,
fördernd und unterstützend und nicht fordernd und ein-
schränkend. Fühlt im Inneren, wie gut es euch tut, selbst
so gesehen zu werden. Und ich versichere euch, dass alle
Wesen der Geistigen Welt mit euch genauso umgehen,
wie ich es eben beschrieben habe, dass ihr immer begleitet seid und jeder Schritt von euch so gesehen wird, dass
er für euch richtig ist, auch wenn wir das Stolpern, selbst
das Fallen und die Schmerzen sehen, die sich aus manchem Schritt entwickeln.

Ihr seid auf einem wunderbaren Weg der inneren Erkenntnis, Stärke und der Macht der Weiblichkeit, die sich

hierin besonders klar äußert. Meine Liebe ist mit jedem, der so seinen Weg geht. Meine Liebe ist mit jedem, der seinen Weg durch diesen Dschungel von Macht und Ohnmacht findet. Und immer, wenn ihr mit mir den Kontakt sucht, werde ich euch helfen, wenn ihr es wollt.

ICH BIN Lady Nada.

Lady Venus:
ICH BIN die Repräsentantin des Planeten der Liebe

ICH BIN Lady Venus.

Ich komme zu euch, um die Liebe, die über euer Herz in euch fließt, ein wenig deutlicher zu machen. ICH BIN die Repräsentantin des Planeten der Liebe. ICH BIN eine Energie, die mit vielen Frauenenergien eng verbunden ist, die auch auf eurem Planeten sind. ICH BIN die Energie, die durch diesen Kanal hier leichter fließt als andere Energien. Deshalb komme ich stellvertretend für Lady Rowena und andere, die sonst auf diesem Strahl arbeiten. Und ICH BIN eng verbunden mit Sanat Kumara, der mit dem Partner, durch den ich jetzt spreche, eine enge Beziehung hat.

ICH BIN Öffnerin der Herzen. ICH BIN Botschafterin der Liebe. ICH BIN auf dem göttlichen Strahl der Liebe immer unterwegs, und ich möchte euch jetzt berühren. Öffnet euer Herz. Fühlt, wie es in eurer Brust immer weiter wird, dass es sich wie eine Blüte in der Sonne öffnet, wie eine Rose, die sich entfaltet, wenn die Sonnenstrahlen sie berühren. Fühle, wie du in dir angerührt und angeregt wirst und wie sich dein Herz öffnet. Fühle, dass hier noch Anteile in dir sind, die dein Herz manchmal verschließen, dass es Räume in deinem Herzen gibt, die sich nicht öffnen möchten, weil du dich nicht verletzen lassen, sondern an einen sicheren Ort zurückziehen möchtest.

Und spüre, was du an Erlebnissen alles in deinem Herzen vergraben hast, die du noch nicht nach außen zeigen willst, die noch nicht ans Licht gekommen sind, sondern in einer dunklen Kammer in einer Ecke deines Herzens sozusagen ein trostloses Dasein fristen. Spüre die Sehnsüchte, die in dir sind, das Sehnen deines Herzens nach allumfassender Liebe in dir, die keine Begrenzungen kennt, die alles annimmt, wie es ist, die nichts bewertet und die dir zusteht – eine Liebe, die dich ganz annimmt, die scheinbar übernatürlich ist und die es schafft, vom Herzen aus alle Ebenen deines Seins zu verbinden und den Stolz und die Macht in deinem Solarplexus so zu wandeln, dass es eine natürliche Achtung ist, die in dir entsteht, ein natürlicher Edelmut, der sich in dir zeigt, und dass Edelmut und Demut die Hauptmerkmale dieses Machtzentrums sind – durch die Liebe veredelt und mit dir im Einklang.

Und dann fühle, wie diese Liebe, die allumfassend ist, sich auch in deinem Beziehungschakra ausweitet und alle deine vergangenen Beziehungen heilt, und dass alle Verletzungen, die dir jemals von Menschen entgegengebracht worden sind, sich im Licht der Liebe neu betrachten lassen. Und du erkennst, dass diese Menschen zum damaligen Zeitpunkt nicht anders handeln konnten. Fühle, wie die Liebe in dir zu allen Menschen strahlt, die jemals mit dir in Kontakt waren, dass ein größeres Verständnis, eine größere Achtung für den Augenblick entsteht, obwohl du dich so sehr verletzt gefühlt hast. Und spüre auch, wie die Liebe in dir deine Verletzung heilt und sich neu in einer

Ebene der Vergebung zu dir selbst zeigt. Fühle, dass die Liebe in dir auch dir den Moment der Kränkung und Verletzung verzeiht.

Nimm wahr, wie die Liebe noch tiefer ins Wurzelchakra sinkt, in deine Verbindung zur Erde. Und du fühlst einen tiefen Strom der Liebe zu diesem Planeten, der dir alles gibt, was du im körperlichen Leben brauchst, der dir den Ort gibt, an dem du wohnen kannst, die Schönheit schenkt, die du sehen kannst, die Geräusche aus der Natur gibt, die du hören kannst, der dir den Wind schenkt, den du fühlen kannst, und dir auf allen Ebenen deiner körperlichen Sinne begegnet und dir Sicherheit auf allen Ebenen gibt. Spüre, wie diese Liebe sich ausweitet und du dir sicher sein kannst, dass sie dir in allen Turbulenzen dieser Erde immer einen Platz gibt.

Dann spüre, wie der Liebesstrom aus deinem Herzen nach unten zur Erde alles verbindet und dich liebevoll dort verankert, wo du bist. Lass dann die Liebe in dein Halschakra aufsteigen, in den Bereich, in dem du dich nach außen zeigst. Fühle hier alle Unsicherheiten, die du jemals erlebt hast, und lass sie sich durch die Liebe deines Herzens wandeln. Spüre, wie sich dein natürlicher Ausdruck immer mehr entwickelt, je mehr Liebe du in die Worte gibst, die du sprichst, je mehr Liebe du in die Gesten hineinlegst, die du mit deinem Körper vollziehst, und je mehr Liebe du in deine Taten hineingibst, die sich im Außen zeigen. Spüre, wie sich dadurch etwas in dir verändert und du authentischer, klarer und bewusster die Menschen erreichst, mit denen du in Kontakt trittst.

Dann nimm wahr, wie die Liebe deines Herzens aufsteigt in dein Drittes Auge, das Chakra, in dem sich etwas entwickeln will, das deine Fähigkeiten erweitert und sich über deine Intuition und die inneren aufgenommenen Ebenen aus der Geistigen Welt vermehrt in dir verbreiten will. Fühle, dass die Liebe in dir hier etwas öffnet: Ein Tor, eine Tür, ein Potenzial, das sich entfalten will, das du vielleicht schon öfter bemerkt hast und das jetzt noch mehr hervortreten und zu einem selbstverständlichen Teil deines Lebens werden will und nicht mehr im Hintergrund bleiben möchte.

Nun nimmst du wahr, wie die Liebe weiter aufsteigt und dein Kronenchakra für deine Seele öffnet, für die höheren Bewusstseinsebenen, die immer mehr in dich hineinströmen wollen. Über dieses Chakra bist du verbunden mit Allem-was-ist. Vielleicht kannst du schon erkennen, dass auch darüber noch viele Ebenen sind, die zu dir gehören und in deinem jetzigen körperlichen Leben nach und nach integriert werden wollen; in Liebe integriert, über das Herz aufgenommen und so in dein Leben hineingenommen, dass du alle Erfahrungen, die du jemals gemacht hast, nutzen und auf dem Weg deiner bewussten Entwicklung weiterschreiten kannst. Eine Entwicklung, die ohne das Herz begrenzt ist, sich auch ohne Liebe eine Weile vollziehen kann, aber ein wirkliches Öffnen in eine Erleuchtungssituation hinein kann nur über das Herz und die Liebe stattfinden.

Wenn du jetzt in deinem Bewusstsein so ankommst, dass sich die Liebe deines Herzens durch alle deine Energiezentren hindurch ausgedehnt hat, bist du ein Kanal, der aufnimmt und abgibt, der über seine Seele mit den höheren Geistigen Welten verbunden ist und gleichzeitig fest verankert auf diesem Planeten, auf dieser Erde, mit allen Anteilen deines Körpers, deiner Gefühle, deiner Gedanken, deiner Seele, mit allem, was du bist. Und du wirst – je öfter du diese Verbindung in dir aktivierst – mehr und mehr von dem wieder aufnehmen und entdecken, was du auf dem Weg in diese Inkarnationen zurückgelassen hast. Du wirst die universelle Liebe entdecken, die Leben in jeder Form ermöglicht. Du wirst Erkenntnisse haben, die dir zeigen, dass die Liebe selbst eine der größten Kräfte ist, die im Universum wirken und die auf allen Ebenen des Seins – nicht nur auf der materiellen Ebene – einen wichtigen Schwerpunkt bildet, um sich alles so entwickeln zu lassen, wie es will.

Meine Liebe, die über den göttlichen Strahl kommt, den ich mit repräsentiere, verlangt nichts. Es ist eine Liebe, die einfach nur ist, die sich weitet und sich in der Resonanz derer, die sie annehmen, immer mehr vergrößert. Es ist der Bereich, der vom Verstand her nicht zu steuern ist, der einfach ist und den ihr annehmen dürft, wie ihr ihn fühlt, ohne dass ihr mit den Gedanken daran etwas verändern könnt. Es ist nichts weiter als ein Öffnen, ein Zulassen, dass die höheren Ebenen in euch aktiv werden und die Liebe des Herzens sich ausdehnt.

Je öfter ihr euch das gestattet, desto mehr werdet ihr fühlen, dass sich alles in euch dieser Schwingung anpasst und ihr in ein Gleichgewicht kommt, das ihr euch schon immer gewünscht habt. Über die Liebe des Herzens werdet ihr ein Gleichgewicht erreichen, das ihr bisher vielleicht nur aus eurer Sehnsucht kanntet. Ein Gleichgewicht und eine Harmonie, eine Schönheit und ein Frieden, der übernatürlich zu sein scheint, das ist es, was ihr in diesem Körper schon erleben könnt, wenn ihr euch der Liebe vollkommen öffnet.

Sie wird sich in den verschiedensten Facetten zeigen, in wunderbaren Partnerschaften und Beziehungen zu Freunden und Bekannten. Sie wird sich überall dort zeigen, wo du wirkst, weil alles, was du ausstrahlst, auch wieder zu dir zurückkommt. Wenn du in Resonanz mit deiner Liebe bist, wandeln sich auch die anderen Ausstrahlungen, die in deinem Umfeld sind, mehr und mehr, weil der Strahl der Liebe alles verändert.

Du bist mit der Öffnung deines Herzens scheinbar ein großes Risiko eingegangen. Dein Verstand wird dir immer wieder erklären, dass du damit den Menschen in deiner Umgebung ein Tor öffnest, über das sie einfallen können wie die Räuber, um dich zu berauben und zu verletzen.

Dein Verstand wird manchmal vielleicht sogar dafür sorgen, dass du die Tore deines Herzens schnell wieder verschließt.

Immer wenn das geschieht, erinnere dich daran, was ich dir gesagt habe: Die Kraft deines Herzens ist größer als die Kräfte, die dir Schaden zufügen könnten. Die Liebe, die in jedem von euch ist, ist die größte Kraft, die ihr habt. Sie ist die scheinbar unscheinbarste, und doch die wirkungsvollste. Es ist nicht die pure Kraft, die ihr aus der Materie kennt und die wie eine Faust zuschlägt, und es ist nicht die subtile Kraft des Verstandes, der Wege findet, um etwas zu erreichen. Es ist die Kraft, die einfach nur Frieden, Freiheit, Schönheit und Liebe ausstrahlt und ist und in diesem Sein alles zulässt, was sein will. Sie verurteilt niemanden. Sie lässt jeden sein, wie er oder sie gerade jetzt ist, und wirkt doch durch ihre Kraft auf jeden ein, um das Beste und Schönste in ihm und ihr zu wecken, aufzutauen und zu entfalten.

Diese Liebe des Herzens wandelt den Bereich in der Mitte eures Körpers vollkommen und öffnet hier ein Tor, das euch einlädt, hindurchzugehen und in diesem Land der Liebe, in dieser Ebene eures Herzens, immer öfter zu verweilen, euch aufzuladen, Kraft zu sammeln, Mut zu fassen, um dann weiterzugehen, euren Weg durch dieses Leben zu finden, mit einem offenen Herzen und klaren Ausrichtungen in allen euren Energiezentren, sodass ihr als Mensch in der persönlichen Entwicklung weiterschreitet und eine Ebene erreicht, in der ihr euch immer an die göttliche Liebe angebunden fühlt, die immer und überall strahlt und ist, und euch durch jeden Menschen, durch jedes Tier, durch jede Blume, durch alle Wesen, die sind, begegnen kann, wenn ihr mit eurem Herzen offen seid

ICH BIN Lady Venus.

Und ich möchte euch bitten, jetzt noch eine Zeit lang im Herzen zu bleiben.

Lady Venus: Das Herz ist der Schlüssel

ICH BIN Lady Venus.

Spürt, fühlt, nehmt an, was jetzt ist. Spürt die Schwingung, die Energie, die mit der euren in Resonanz ist. Spürt die Liebe, das Herz. Macht euch weit, öffnet euch vollkommen. Gebt euch ganz und gar der Liebe in euch hin. Spürt, wie wohltuend es ist, loszulassen, euch ganz fallenzulassen und vollkommen in diesem Schwingungsfeld unendlicher Geborgenheit und Liebe zu sein.

Spürt, wie sich die Öffnung von eurem Herzen aus in alle Ebenen hinein entfaltet, wie sich das Herz nach oben über den Hals und den Kopf öffnet und euch mit eurem Kanal in die unendlichen Ebenen der göttlichen Welten verbindet. Spürt, dass euer Herz euch nach oben vollkommen öffnet und alles miteinander verbindet. Und dann spürt, wie sich die Herzöffnung auch über euren Bauch, euer Wurzelchakra und eure Beine bis tief in die Erde hinein öffnet und ihr über das Herz mit euren Wurzeln und euren Potenzialen immer verbunden seid, dass das Herz hier die Liebe ausdehnt, sodass ihr mit allen Ebenen eures Seins in Liebe verbunden seid. Spürt dies in euch.

Dann nehmt wahr, dass euer Herzraum sich weitet, bis er nicht nur euren Körper vollkommen einschließt, sondern weit darüber hinaus auch die Menschen in eurer unmittelbaren Umgebung, diesen Raum, dieses Haus, dieses Dorf, das Land ringsum, diesen Bereich der Erde, den ganzen Kontinent und auch den ganzen Erdball in euren Herzraum mit einschließt. Fühlt diese unendliche Liebe und Weite in euch, die alles in sich annimmt, was um euch herum ist.

Die Liebe kennt keine Grenzen, sondern nur unendliches Sein, Fühlen, Ausdehnung und Einschluss von Allem-was-ist. Die Liebe nimmt alles an. Die Liebe in euch ist die Liebe der Schöpfung selbst. Sie ist die Liebe der Schöpferkraft selbst, die alles erschaffen hat, die alles durchdringt, die mit jedem Atom verbunden ist, mit jedem Gedanken, mit jedem Gefühl. Sie ist verbunden mit Allem-was-ist, auch mit den Teilen des Universums, die ihr nicht kennt.

Diese unendliche Liebe will sich in jedem von euch entfalten, indem sie sich über euren Herzfunken, über das göttliche Sein in euch Ausdruck verschafft und sich vom Herzen aus über alle eure Energiezentren ausdehnt, erst einmal in eurem Körper, sodass jede Energie in euch mit eurem Herzzentrum in Resonanz geht.

Wenn ihr euch mit eurem Herzen in den Bauchraum hinein öffnet, könnt ihr fühlen, dass ihr mit der Stärke und Kraft, mit der Macht der Sonne und der strahlenden Stärke in euch in Verbindung kommt. Diese Kraft und Stärke gehen mit der Herzensqualität in Verbindung, und nach unten hin wird ein Feld geschaffen, in dem Liebe, Kraft und Macht eine Allianz eingehen, ein gemeinsames Feld schaffen, das von Liebe durchdrungen ist, sodass sich alle Kraft in Liebe ausdrücken will.

Wenn ihr dann in euer nächstes Zentrum im unteren Becken hineinfühlt, von dem aus alle Beziehungen ausgehen, alle eure Kontakte, nehmt ihr wahr, dass ihr, wenn dieses Feld von der Liebeskraft mit erfasst wird, mit allen euren Kontakten und Verbindungen liebevoll umgehen könnt. Auch wenn noch Gegensätze herrschen und Unterschiede spürbar sind, bleibt ihr trotzdem im Liebesfeld – jederzeit.

Dann nehmt wahr, dass sich dieses Liebesfeld unter euch, im Wurzelchakra bis zu den Füßen, ausdehnt und Verbindung mit der Erde hält und dass eure Unsicherheiten, eure Angst, von dieser Liebesschwingung durchdrungen werden und ihr auch hier – ob ihr absolute Sicherheit fühlt oder das Gegenteil – immer in Liebe seid mit dem, was gerade ist, dass diese Liebe eine Geborgenheit ausstrahlt, die alle Unsicherheiten klein und winzig erscheinen lässt. Fühlt die Ausdehnung eurer Herzkraft bis in eure Wurzeln hinein und wie sich der Energiekanal nach unten hin mit Liebe füllt.

Haltet dieses Bild in euch. Fühlt diesen Strahl der Liebe, der zwischen euren Beinen hindurchgeht und euch ausfüllt. Und dann fühlt, wie er sich auch nach oben öffnet und wie ihr in eurem Ausdruck, in eurem Hals ankommt und sich dieser Liebesstrahl nach oben hin ausdehnt und euren Ausdruck immer mitbestimmt. Das, was ihr in dieser Welt ausdrückt, wird immer durch das Herz geführt. Fühlt, wie sich hier Leichtigkeit, Herzlichkeit und Liebe entwickeln, während ihr diesen Kanal weiter nach oben öffnet und mit eurer Intuition verbindet, die die spirituellen Ebenen in euch hält, und wie auch hier alle Glaubensvorstellungen in euch mit Liebe durchdrungen werden, wie ihr euch in dieser Liebe weiten könnt und sie euch hilft, die Dimensionen, die noch sind, zu erfassen und zu erkennen.

Dann nehmt wahr, wie das Liebesfeld eure Krone erreicht, die sich in die unendlichen Weiten der Schöpfung öffnet. Jetzt ist euer gesamtes Energiefeld ein einziges verbundenes Herzensfeld, das alle Ebenen in euch durchdringt, und alles, was euch erreicht, jeder Gedanke, jedes Wort, jeder Mensch, der euch begegnet, wird durch diese Energie gesehen, die euer Herz ausstrahlt, alles, was ihr empfangt und gebt, ist von dieser Herzenskraft, die ihr jetzt fühlt, durchdrungen.

Die Herzenskraft und die Öffnung in absoluter Liebe sind das Ziel eines jeden Menschen, der auf dieser Erde wandelt. Dieses innere Sein, das alles durchdringt und anerkennt, was ist, will sich auch in dir mehr und mehr entfalten. Und jedes Mal, wenn du den Entschluss triffst, dein Herz mehr zu öffnen, bin ich mit den Energien der Liebe bei dir, sowie viele andere, die auch auf diesem Strahl arbeiten. Es ist das Feld, das die Zukunft entscheidend mitgestaltet und dich auf der nächsten Ebene mit Kraft und

Stärke trägt und hält, die sanft, weich und unendlich herzlich ist, in der du mit deinen Gefühlen *immer* richtig bist und auch jeden anderen so nimmst, wie er ist.

Die Verbindung mit deinen göttlichen Anteilen wird sich dadurch immer stärker entfalten, und du wirst mehr und mehr die göttlichen Kräfte in dir wahrnehmen und ausdrücken können, gleichgültig, was du im alltäglichen Leben tust. Jeder kann an dem Platz, an dem er ist, die Herzensqualitäten ausdrücken und Liebe schenken, ohne etwas dafür zurückbekommen zu wollen. Und je mehr du in Liebe weitergibst, dich selbst und alles, was du an Worten, Taten und Dingen geben kannst, was du in dieser Kraft der Liebe verteilst, wird vielfältig zu dir zurückkommen. Immer wenn du frei aus dem Herzen heraus geben kannst, bist du in dieser Schwingung. Es müssen keine materiellen Dinge sein, es genügen manchmal Blicke, Worte, eine Geste, ein liebevolles Anerkennen des anderen, wie er ist. Das sind die Elemente, die wichtiger sind als alles, was du an materiellen Dingen geben kannst.

Gleichzeitig empfängst du, wenn du in dieser Schwingung bist, die unendliche Liebe des Universums immer und überall. Du empfängst sie selbst an den Orten, an denen du sie nicht vermuten würdest, vielleicht an einem ungeliebten Arbeitsplatz oder an einem Ort, den du nur zur Durchreise benutzt. Überall, wo du dein Herz öffnest, empfängst du die Liebesschwingung des Universums und bist mit ihm eins, mit Allem-was-ist. Wenn du diese Kraft in dir hältst, kannst du die Öffnung deines Seins über das Herz zu allen Wesen dieses Planeten fühlen. Du kannst fühlen, warum Menschen so sind, wie sie sind. Du kannst leichter Mitgefühl entwickeln, leichter spüren, was sie bewegt, wenn du in diesem Herzgefühl bist. Und du kannst leichter erkennen, wie sich Tiere und Pflanzen gerade fühlen und dich mit ihnen verbinden. So wie du auch dein Herz mit dem Herzen der Erde verbinden kannst. Und du kannst dich nach oben hin in die Unendlichkeiten des Alls verbinden, bis in das Zentrum des Seins, aus dem alles kommt.

Auf diesem Weg kannst du nach und nach alle Facetten erkennen, durch die hindurch sich das Leben entwickelt hat, nicht nur auf dieser Erde, sondern auch in den geistigen Reichen, die sich über dir öffnen, bis hin zur Quelle selbst.

Das Herz ist der Schlüssel dafür, dass du in vollkommener Liebe auf deinem Weg bist, und diese Liebe nimmt auch die Unzulänglichkeiten deines Seins an und versteht, dass du nicht immer so liebevoll mit dir sein kannst, wie ich es gerade beschreibe, sondern in dir noch die eine oder andere Ecke und Kante ist, an der du dich manchmal stößt – oder an der sich andere stoßen. Sie erkennt an, dass du nicht vollkommen sein kannst, so lange du im irdischen Körper bist, und trägt jeden kleinen Fehler mit, wobei sich dieses Liebesfeld nach und nach bis zum vollkommenen Sein in diesem Körper entwickelt.

Nach diesem vollkommenen Sein in deinem Körper bist du an der Schwelle, an der du dich nach oben öffnest und aufsteigst, aber erst, wenn du von den irdischen Genüssen genug hast. Wenn du wirklich auf allen Ebenen alles gesehen und gefühlt hast, was du mit deiner Seele fühlen wolltest, erhebst du dich über das irdische Leben und gehst in eine neue Ebene, die neue Qualitäten der Erfahrung bietet.

Dein Herz und die Herzöffnung sind ist der wichtigste Part und die entscheidenden Schlüssel für alle weitere Entwicklung. Wenn du hier fühlst, dass du ganz und gar in die Öffnung gehst, bist du auf dem Weg. Und mit jedem Gedanken, den du in diese Richtung denkst, gibst du ein kleines Puzzlestück dazu. Mit jedem fröhlichen Gesang, der dein Herz öffnet, gibst du etwas dazu. Mit jedem schönen Bild, das du anschaust und das Liebesresonanzen in dir erzeugt, gibst du etwas dazu. Mit jeder Blume, jeder Blüte, jedem Wesen dieser Erde, das du liebevoll anschaust, gibst du einen kleinen Teil dazu. So kannst du dich an jedem Tag deines Lebens immer ein Stück mehr öffnen, ein wenig liebevoller das anschauen und in dir aufnehmen, was dich umgibt. Und am Ende stehst du mit offenem Herzen da und lässt dich in die Glückseligkeit deines Seins fallen.

Fühle die Sehnsucht in dir, die dein Herz mehr und mehr erfüllt und es immer mehr öffnet. Spüre noch einmal diesen Herzenskanal vom Scheitel bis zur Sohle und nimm wahr, wie deine Liebesschwingung Himmel und Erde in dir verbindet. Die unendliche Liebe ist fest in dir verankert, und mit jedem Gedanken an sie weckst du sie ein Stück mehr.

Sei immer in dieser Schwingung, wenn du es dir vornimmst. Sei immer in dieser inneren Herzlichkeit und Liebe, wenn du es willst, und nimm alle Geschenke an, die sich daraus entwickeln. Lass dich mit deinem Sein auf dein Herz ein, so, wie es jetzt ist. Auch wenn diese Vollkommenheit, von der ich eben gesprochen habe, noch weit entfernt scheint, ist der Funke in dir und das Entwickeln dieses Liebesfunkens der Teil, den du aktivieren kannst, und daraus entwickelt sich alles weitere.

ICH BIN Lady Venus.

Sanat Kumara:
Du bist immer in tiefster Liebe geborgen

ICH BIN Sanat Kumara.

Ich grüße euch im Namen des Lichts und der Liebe, die aus den Tiefen des Raums und aus den Höhen der Erde zu euch strömt. Sie kommt von überall her, ist überall und wird niemals versiegen. Diese Liebe macht das Leben möglich. Diese Liebe, die in der Geistigen Welt bis in eure Körperlichkeit alle Ebenen, Dimensionen und Seinszustände durchströmt, ist der Urgrund allen Lebens.

Aus dieser Liebe heraus spreche ich jetzt zu euch. Ihr seid so, wie ihr hier als Menschen jetzt agiert und auf dieser Erde lebt, aus allen Welten und allen Dimensionen, bis hin zur All-Einheit, unendlich geliebt. Ihr seid diejenigen, die sich als Pioniere am weitesten in die Tiefen der Dualität vorgewagt haben, in die Tiefen der Materie, in die Bereiche, in denen die göttliche Liebe nicht mehr klar erkannt werden kann. Ihr seid ins Vergessen gegangen, habt dieses Vergessen bewusst gewählt, um neu zu lernen, neu aufzunehmen, was die Liebe und euer innerer göttlicher Funken eigentlich sind. Ihr wolltet es aus der Unwissenheit heraus neu erfahren.

In diesem großen Experiment seid ihr diejenigen, die jetzt auf dem Weg zurück sind. Es hat immer wieder Höhen und Tiefen gegeben, Wellenberge und Wellentäler, in denen das Wissen um die göttliche Kraft einmal mehr und einmal weniger vorhanden war. Ihr seid im Moment dabei, aus einem tiefen Wellental wieder emporzusteigen, von einer Riesenwelle hinaufgetragen zu werden, in eine neue Dimension, in neues Wissen, in eine Neue Zeit, auf eine Ebene, in der alles anders wird. Aus dem Zeitalter der Unwissenheit, des Dunkels und der Finsternis werdet ihr aufsteigen in ein Zeitalter des Lichts, der inneren Weisheit, des Wissens und einer Liebesfähigkeit, wie sie auf dieser Erde bei euch Menschen nur am Anfang gegeben war, bevor ihr Stufe für Stufe hinabgestiegen seid.

In den Anfängen von Lemurien war diese Liebe schon einmal vorhanden. Damals habt ihr sie alle gelebt. Es gab einen inneren Zusammenhalt, ein Gefühl des All-Eins-Seins, das so mächtig und stark war, dass ihr alle darin geborgen wart. Im Laufe der Zeit habt ihr dann alles vergessen. Nun kommt alles wieder nach oben. Alles, was vergessen war, wird wieder sichtbar und erfahrbar. Es hat immer einige Wenige gegeben, die das Wissen und die Weisheit um die All-Einheit für euch bewahrt haben. Oft wurden Menschen, die es wieder neu erkannt hatten, bei euch Religionsstifter, die von anderen auf den Sockel gehoben wurden.

Euer Bewusstsein steigt durch die kommende Zeit immer höher. Es wird von euch selbst getragen. Ihr seid bereit, mehr und mehr nach oben zu steigen. Gleichzeitig fühlen wir aus den anderen Dimensionen, wie auch hier aus dem Weltenraum heraus die Konstellationen geschaffen sind, euch bei diesem Aufstieg zu helfen. Ihr steigt also auf und werdet gleichzeitig gezogen. Und so seid ihr niemals allein. Ihr seid immer unterstützt. Selbst in den dunkelsten Jahrhunderten, in denen ihr euch gegenseitig so viele Schmerzen zugefügt habt, wart ihr immer begleitet. Niemals wart ihr vollständig allein. Eure Familie, eure geistigen Freunde, waren immer bei euch. Nichts geschieht ohne unsere Unterstützung. Jeder, der ein solches tiefes Erleben wagt, wird immer aus der Geistigen Welt unterstützt, auch wenn er es nicht immer wahrnimmt.

Ihr seid also immer in tiefer Liebe geborgen, auch wenn ihr es nicht fühlt. Wenn ihr euer Herz öffnet und euch in die Meditation begebt, in euer Inneres, wenn ihr den Atem spürt und euch für das öffnet, was euch umgibt, werdet ihr fühlen, dass dort mehr ist als nur die Luft um euch, die Erde unter euch, dass um euch tatsächlich ein Energiefeld der Liebe existiert, das euch trägt und das Leben als solches überhaupt erst ermöglicht. Ihr seid geborgen, geliebt und geehrt. Ihr seid wie Engel auf Erden und werdet von allen angenommen, die euch so sehen können. Ihr seid in Liebe gebadet.

Nur stimmt das leider oft nicht mit eurem Gefühl überein, wie ihr euch selbst seht. Ihr seht, was ihr in dieser Welt tut. Und ihr seht es immer in dem kleinen Abschnitt, den ihr gerade überblickt. Ihr seht immer nur euer eigenes kleines Leben, und selbst von diesem seht ihr nur den

Zeitabschnitt, den ihr jetzt gerade lebt. Ihr fühlt die unmittelbare Vergangenheit und habt einen Eindruck davon, was die unmittelbare Zukunft vielleicht bringt. Und dann habt ihr euer Gefühl, wie ihr im Jetzt lebt. Und in dieser Zeit denkt ihr: Das ist das Leben.

Es ist natürlich ein Teil eures Lebens. Und dieses Leben, das ihr jetzt in eurem Körper lebt, ist natürlich auch ein Teil eures gesamten Lebens. Als ihr den Entschluss gefasst habt, auf dieser Erde Erfahrungen zu machen, wart ihr noch nie in einem Körper, ihr konntet es euch nicht vorstellen. Ihr kanntet diese Erfahrung nicht. Doch ihr wolltet wissen, wie es ist, und ihr habt es getan. Ihr seid immer wieder auf die Erde inkarniert, weil das Leben als Mensch auf der Erde nicht nur ein einzelnes Menschenleben ist, sondern ein Zyklus vieler Menschenleben, in denen alle möglichen Erfahrungen gemacht werden können. In diesem Zyklus seid ihr jetzt an einem Punkt, an dem sich das Rad dreht und das, was ihr als Schuld, Karma oder Ähnliches scheinbar auf euch geladen habt, aufgelöst wird, wenn ihr „Ja" dazu sagt. Wenn ihr nur sagt: „Ja, ich möchte es aufgelöst haben", könnt ihr alle Schuld, die ihr noch in euch fühlt, was ihr Karma oder Verpflichtungen nennt, aus freiem Herzen abgeben, vollkommen und ohne jeden Zweifel. Nichts wird euch mehr binden, wenn ihr eure Verträge löst.

Ihr könnt ganz neu beginnen und in die Neue Welt und die Neue Zeit aufsteigen. In der nächsten Dimension könnt ihr eine neue Welt aufbauen, in der die Liebe tatsächlich mehr als nur ein Wort ist, in der ihr sie fühlt, sie in eurem Herzen tragt und auch ausstrahlt. Warum sagt ihr: „Ich kann mich nicht lieben?" Warum fühlt ihr das? Es hat sicherlich bei jedem von euch spezielle Gründe. In den meisten Fällen ist es so, dass die Erwartungen, die ihr an euch selbst habt, nicht mit dem übereinstimmen, was ihr seht, fühlt und spürt, dass das, was ihr sein möchtet, nicht das ist, was ihr tatsächlich seid. Eure Wünsche und Vorstellungen stimmen nicht mit dem überein, was ihr Realität nennt. Und ihr seid durch Vorbilder und Erwartungen eurer Eltern, Großeltern und alle, die euch in diesem Leben begleitet haben, in diese Erwartungshaltungen gebracht worden. Dadurch habt ihr eine Situation erschaffen, in der ihr euch selbst als nicht liebenswert seht. Das gibt es bei euch natürlich in allen Abstufungen. Die einen mögen sich zum Teil, manche verachten sich, werden sich selbst gegenüber zynisch, andere wiederum können sich noch nicht einmal in die Augen sehen, wenn sie vor dem Spiegel stehen, weil sie innerlich Schuld fühlen. Und dann gibt es diejenigen, die so von sich selbst überzeugt sind, dass sie überheblich wirken, fast narzistisch.

Ihr habt in euch eine Palette aller Möglichkeiten, wie ihr euch selbst seht. Und ihr entscheidet selbst, welche Gefühle, Gedanken, Muster und Prägungen in euch tatsächlich euer Leben beeinflussen. Natürlich entscheidet ihr nicht immer bewusst, dass ihr euch gerade nicht liebt. Es ist etwas, das tief in euch sitzt, das verborgen ist. Das, was dahinter steckt, ist eurem Tagesbewusstsein verborgen. Es ruht im Verborgenen. Es ist an euch, das Verborgene aufzudecken, ans Tageslicht zu holen und es anzuschauen. Es ist an euch, hinzugehen und zu schauen, ob die Prägungen und Sprüche eurer Eltern oder Großeltern heute noch Einfluss auf euch haben. Aber dafür müsst ihr erst einmal entdecken, dass sie es sind, die euch noch prägen oder beeinflussen. Oder sind es Erlebnisse aus frühester Kindheit oder Jugend, die euch die Schamesröte ins Gesicht treiben? Es gibt so viele Möglichkeiten, sich in eine Ecke zu stellen, in der es dunkel ist. Menschen tun das aus den verschiedensten Gründen und sagen dann: „Ich kann mich aber nicht lieben."

Wenn du den Gedanken aussprichst, dass du daran etwas verändern möchtest, kannst du nach und nach alles verändern, was jemals war. Du kannst dir jedes Detail deines jetzigen Lebens oder der vorherigen Leben anschauen und in dir integrieren und dir und allen verzeihen, die daran beteiligt waren. Das ist der erste Schritt zur Selbstliebe. Indem du dir sagst, dass alles, was du jemals erlebt oder getan hast, ein Ausdruck deiner Seele war, um Erfahrungen zu machen, um in dieser Welt zu sein. Du kannst dich für das, was du erlebt und getan hast, annehmen, wie du bist, genauso, wie sich unzählige hohe geistige Lehrer in früheren Zeiten angenommen und auch gelehrt haben, dass alle anderen angenommen werden sollen.

Die Liebe ist in dieser Welt nicht nur für die Guten da, genauso, wie die Sonne nicht nur auf die sogenannten

Gerechten scheint. Die Liebe ist – wie die Sonne – für alle da, unabhängig davon, wer oder was sie sind und was sie gerade tun. Oder auch nicht tun. Ihr seid in einem solchen Liebesfeld, in einer solchen Tiefe und gleichzeitig in einer solchen Höhe, dass ihr buchstäblich vollkommen in der Liebe eures Herzens seid – wenn ihr es zulasst.

Ich möchte jetzt mit euch eine Reise zu eurem Herzen machen. Eine Reise in das tiefste Innere eures Herzens, um dort den Funken Selbstliebe zu finden, der euch manchmal fehlt.

Schließe die Augen und atme tief ein und aus. Und dort, wohin du atmest, wo der Brustkorb sich hebt und senkt, in der Mitte deines Körpers, ist nicht nur dein materielles Herz, das den Blutkreislauf in Gang hält, hier ist dein immaterielles Herz, der Sitz deines göttlichen Funkens, deine Liebeskraft in den tiefsten Kammern deines Herzens verborgen. Jetzt stell dir bildlich ein Herz vor und sieh es dir an. Es ist deins. Vielleicht ist es rot, vielleicht auch andersfarbig. Alles ist recht. Schau es dir an, es ist deins. Vielleicht hat es die Form eines ganz normalen Herzens, wie Menschen sich Herzen aufmalen würden, oder eine ganz andere Form, wie es die Anatomie eures Herzens hergibt. Stell es dir so vor, wie du es möchtest. Dann siehst du in deinem Herzen eine kleine Tür und möchtest nachschauen, was hinter dieser Tür ist. Du gehst hin und öffnest sie.

Jetzt kannst du sehen, wie es dahinter aussieht. Bei manchen ist es wie auf dem Dachboden oder im Keller, unaufgeräumt und rumpelig, vielleicht mit Spinnweben in der Ecke. Es war lange niemand hier. Bei anderen ist es vielleicht etwas heller, und es scheint ein Licht. Bring alles Gerümpel raus, sieh, dass die Spinnweben entfernt werden und alles schön und glatt ist. Vielleicht gehst du einmal in die Kammer hinein und findest ein Fenster, öffnest es und siehst das Licht hereinströmen.

Schau dich ruhig in deinem Herzen um. Sieh, was du aufräumen möchtest und was noch nicht so ist, wie du es gerne hättest. Vielleicht möchtest du dir die Kammer deines Herzens wie ein wunderschönes Wohnzimmer einrichten, in dem du dich wohl fühlst. Oder wie einen Meditationsraum, in den du dich zurückziehen kannst, wenn du für dich sein willst. Vielleicht möchtest du es auch zu einem Ort machen, an dem du Gäste einlädst, deine Freunde, deine Familie, deine Lieben. Mach es so, wie du es gerne hättest, egal, ob du nun einen Raum für dich alleine haben möchtest, oder ob es ein Ort der Begegnung sein soll, ob es verschnörkelt, liebevoll, mit vielen Stoffen behängt sein soll, oder eher ruhig und ohne viele Möbel. Richte es dir so ein, wie du den Raum haben möchtest, mit kleinen Fenstern oder einer Riesenfensterfront. Stell dir vor, wo dieser Raum ist und was ihn umgibt, ob es vielleicht einen Wald, einen Garten oder Wiesen und Felder rundherum gibt. Stell dir auch die weitere Umgebung dieses Ortes vor und sieh, wie sich langsam ein Bild deines Herzens ergibt und wie dein Herz im Raum ist.

Dann lass in der Mitte dieses Raums eine Kerze oder ein Licht angehen. Fühle, wie in der Mitte dieses Herzens, das du so wunderschön gestaltet hast, dein Herzenslicht anfängt zu leuchten, wie hier der Gottesfunke, der dich am Leben erhält, hell leuchtet und alles mit seinem Licht bescheint, mit diesem wunderbaren, goldenen, schimmernden Licht, das alles in wunderbare Farben taucht und so gestaltet ist, dass die Liebe hindurchscheint. Ein warmes Liebeslicht leuchtet in deinem Herzen. Du siehst es jetzt in dir. Und immer, wenn du das Gefühl hast, dieses Herzliebeslicht in dir verloren zu haben, komme in diesen Raum deines inneren Herzens zurück.

Wenn du lange nicht da warst, entrümple und säubere ihn, mach die Fensterläden auf und lass dann die Herzensflamme in dir angehen, entzünde sie in dir und spüre dann, wie deine Liebe immer mehr wächst, auch die Liebe zu dir selbst, dass du dich immer besser annehmen kannst, wenn du es in dir so schön gemacht hast, dass du auch Menschen einladen würdest, zu dir zu kommen, dass du hier verweilen möchtest und diesen Raum tatsächlich benutzt, um ganz bei dir zu sein. Fühle das und nimm es als eine Möglichkeit mit, die du dir selbst schenken kannst. Es ist ein Geschenk von dir an dich. Halte es in Ehren. Nimm es an. Deine Seele freut sich jedes Mal, wenn du diesen Tempel im Inneren deines Seins erreichst, wenn du es zulässt, eine Weile hier zu sein, deinen Körper zur Ruhe kommen zu lassen und in deinem Inneren eine zeitlang zu verweilen.

Gönne dir diese inneren Zeiten der Einkehr in dein Herz und lass das Licht deiner Liebe im Herzen lodern. Fühle, wie es dich verändert, wie du immer liebevoller wirst, je öfter du hier bist. Du strahlst dann auch im Alltag dieses Licht aus, bist ein Lichtträger oder eine Lichtträgerin, die das Licht zu allen hinträgt, die es sehen möchten und davon berührt werden wollen. Es ist eure Gabe, mit dem, was in euch ist, in die Welt hinauszugehen und damit Menschen anzustecken, die auch auf der Suche sind.

Je mehr ihr das tut und euer Liebeslicht in die Welt strahlen lasst, umso mehr wird sich auch die Welt verändern und um sich eine neue Aura entwickeln, ein neues Feld, in dem die Erwartungen und Prägungen nicht mehr so sind, wie ihr sie erlebt habt, als ihr als Kinder groß geworden seid, sondern eine Welt, in der jeder so sein darf, wie er will, in der sich jeder so entwickeln darf, wie er will, wo er mit sich selbst experimentieren darf. Ihr werdet durch diese Art neuer Kommunikation von Herz zu Herz eine Welt schaffen, die ganz anders sein wird als alles, was ihr bisher mit dem Verstand erschaffen habt. Ihr werdet tatsächlich die Liebe fühlen, die ihr ausstrahlt, und ihr werdet sie tausendfach von allen zurückbekommen, die euch umgeben. Nach und nach ändert ihr dadurch eure Welt. Ihr werdet eine völlig andere Welt erschaffen, wenn ihr aus diesem inneren Gefühl, aus eurem Herzen heraus, agiert und in diese Welt hineinstrahlt. ICH BIN sehr zuversichtlich, dass ihr diesen Wunsch selbst immer stärker in euch fühlt und dadurch in den letzten Jahren schon viel verändert habt und auch in der Zukunft den Sprung in die nächste Dimension mit Freude macht.

ICH BIN mit meinem Herzen mit allen Menschen verbunden, die dies möchten. ICH BIN als Hüter und Logos der Erde den Menschen in ihren Entwicklungsschritten sehr zugetan und unterstütze sie, wo ich kann und sie es wollen. Bitte ruft mich an und fragt, wenn ihr unsicher seid. Lasst euch von der Geistigen Welt inspirieren, lasst euch die Liebeskraft in euer Herz hineinsenken und bittet darum, euch behilflich zu sein, wenn es aus eigenem Antrieb nicht geht. Und seid nicht ungeduldig mit euch. Lasst tatsächlich die äußere Zeit vergehen. Sie ist nicht wichtig. Bleibt ganz bei euch und lasst geschehen, dass sich die Liebe in euch entfalten kann – wie eine Rose, die am Anfang ihre Knospe noch fest zusammengehalten hat und dann, wenn die Sonne auf sie scheint, Blütenblatt für Blütenblatt entfaltet und öffnet.

Ihr seid auch wie eine Rose, und es liegt auch an euch, ein Blatt nach dem anderen zu öffnen. Bei euch sind es beschriebene Blätter, Blätter des Lebens, der Erfahrung, die ihr euch im Licht eurer Liebe und der Sonne anschauen wollt, die auf euch alle scheint. Tief innen in eurer Blüte sind die tiefsten Erfahrungen, und ihr müsst ein Blütenblatt nach dem anderen entfalten, anschauen, akzeptieren und lieben, bis sich das nächste entfalten kann. Es ist ein Prozess, bei dem euch das Licht der Liebe ganz besonders helfen kann. Ein Prozess, den ihr so miterschaffen habt, um alles an euch in Liebe annehmen zu können, nach und nach. Habt die nötige Geduld mit euch. Lasst euch die Zeit, die ihr braucht, um euch ganz kennenzulernen. Denn nur wenn ihr euch ganz kennenlernt, könnt ihr euch auch vollkommen lieben.

ICH BIN immer bei euch, und alle Wesen der Geistigen Welt lassen euch bei diesen Schritten der Selbsterkenntnis ihre Unterstützung zukommen. Ruft denjenigen oder diejenige, der/die euch am nächsten ist, zu dem/der ihr das Gefühl habt, eine besondere Affinität zu haben. Lasst euch unterstützen.

Ich grüße euch im Namen der Liebe, die alles durchtränkt, die in jedem Grashalm, in jedem Stein, in jedem Baum und in jedem Tier ist, natürlich auch in euch Menschen, die immer und überall ist, in der Luft, die ihr atmet, in der Erde, über die ihr geht, im Feuer, das euch wärmt, und im Wasser, das euch tränkt. Nehmt sie, woher auch immer ihr sie bekommt. Nehmt diese Liebe und lasst sie ganz in euer Herz hinein. Öffnet euch weit wie die Blüte einer Blume im Sonnenschein. Meine Liebe ist immer mit euch.

ICH BIN Sanat Kumara.

Sanat Kumara: Die Unendlichkeit fühlen

Fühle, wie jede Zelle deines Körpers schwingt, wie die Töne dieser Worte dich berühren und tragen und auf eine Art und Weise mit dir tanzen, wie du es vielleicht selten erlebst. Spüre Resonanzen in dir, die sich jetzt und gerade immer mehr zeigen wollen und dich im Inneren berühren. Fühle, dass Ebenen in dir angestoßen werden, die sich öffnen, die ganz und gar frei werden möchten.

Die Freiheit will sich immer mehr in dir entwickeln, Freiheit von Begrenzungen, von Einschränkungen, auch von der Einschränkung und Begrenzung deines Denkens, deiner Gefühle und deines Körpers. Spüre, dass du in Augenblicken wie diesem dem Zustand immer näher kommst, der in dir etwas mit Unendlichkeit zu tun hat, mit Ausdehnung, die keine Grenzen kennt, mit einer Unendlichkeit, die dir vom Verstand und deinem Körper her manchmal beängstigend vorkommen kann. Hier schlummert ein Potenzial, das sich erweitern, das Grenzen überschreiten und so die Potenziale deines Lebens mehr und mehr ausdehnen und vervollkommnen kann. Spüre, dass deine Seele hier Zugang zu deinem Tagesbewusstsein findet, dass die Unendlichkeit, die du erkennen, erahnen, die du leicht fühlen kannst, dir einen Zugang schafft zu einer Weite und Ausdehnung, die in dir selbst ist.

Fühle deinen Körper, wie er mit jeder Zelle mit deinem Geist verbunden ist. Fühle, wie dein Geist mit allen Gefühlen verbunden ist, die in dir auftauchen und gesehen werden wollen. Nimm wahr, wie dein Herz sich für dein Sein öffnet, so, wie du bist, wie dieses Herz laut „Ja" ruft – zu dir, zu deinem Sein, zu deinem Sosein, wie du die Welt erlebst, wie du sie siehst, wie du sie fühlst, wie du im Moment das Sein erlebst, mit allem, was mit dir ist.

Dann nimm wahr, wie das Öffnen deines Herzens eine Liebesschwingung frei macht, die sich so anfühlt, als ob alle Töne gleichzeitig erklingen, als ob sich alle Himmel gleichzeitig öffnen, als ob die Weite und die Unendlichkeit des Universums nur für dich da sind, als ob die Liebe, die durch die Schöpfung schwingt, hauptsächlich dich erreicht. Fühle, dass du trotz all deiner Zweifel an dir, trotz all deiner Ängste mit deinem Sosein, wie du bist, trotz all deiner Vorbehalte, die du dir gegenüber hast, trotz aller Ablehnung, die du für dich selbst manchmal fühlst, richtig bist so, wie du bist. Deine Seele gibt dir alles, was du brauchst, um dieses Leben zu führen. Du bist von ihr bejaht, angenommen und geliebt, und es gibt nichts, was dir in deinem Sosein Schranken auferlegt. Alles, was in dir klingen will, darf klingen. Das Leben gibt dir alle Freiheiten, das zu leben und zu spüren, was du willst, jede Erfahrung, die du machen möchtest, ist geehrt und geachtet und wird von der Liebe der Schöpfung begleitet. Du bist die Liebe, die hier erschafft, du bist Mitschöpfer auf der Ebene des Seins, auf der du jetzt agierst, und aus diesen

Erfahrungen steigst du Stufe um Stufe im Mitschöpfertum auf und entwickelst dich.

Dieses Entwickeln zu Schwingungen, die höher und weiter tragen, ist eine ganz normale Evolution, die in der Schöpfung eingebettet ist. Es schwingt hin, und es schwingt her. Die Quelle dehnt sich aus und zieht sich zusammen. Die Ebenen weiten sich und kommen wieder zur Quelle zurück. Du spürst mehr und mehr, dass der Zug zurück zur Quelle in dir beginnt. Es zieht dich in höhere Schwingungsebenen, in neue Bereiche, ein wenig weg von der Schwere, der Beklemmung und der Einengung. Und es macht dich frei für neue Erfahrungen, für neue Welten, für ein Sein in einer Liebesschwingung, die dann immer mehr zu einer Wirklichkeit wird, die in dir wirkt, eine Wirk-lichkeit, die tatsächlich den Raum in dir einnimmt und dich immer wieder anstößt, die dir immer wieder Impulse gibt, dir immer wieder neue Tore öffnet, damit du durch sie hindurchgehen kannst und dich mit deinem Bewusstsein Stufe um Stufe erweiterst, auf eine Art, die für dich richtig ist, auf einem Weg, den deine Seele sich für dich ausgesucht hat – sehr individuell, sehr persönlich, und doch mit vielen anderen Seelen auf dem gleichen Weg.

Du bist im Projekt Menschheit so wunderbar eingebunden, eingebettet und an deinen Platz gestellt, den du ausfüllen willst und den auch du in der Individualität, in der du bist, nur so ausfüllen kannst, wie du es eben kannst. Und alle anderen um dich herum tun das Gleiche mit ih-

rem Weg, mit ihrer Anbindung an die göttliche Kraft und der Ausprägung ihrer eigenen Persönlichkeit und ihren individuellen Bereichen und Merkmalen. Fühle dich eingebettet in einen so wunderbaren großen Plan, den ihr gemeinsam durchführt, lebt und liebt, der eure Liebe zu euch selbst, zur Schöpfung und zu Allem-was-ist, immer mehr ausdrückt.

Lass dich tragen von dieser Liebe. Lass dich tragen von dieser Liebe, die in dir ist, die dein Herz weitet und mit der du jetzt eine Ausdehnung erfährst, die sich spürbar über dich selbst hinaus ausweitet. Du fühlst deinen Körper, wie er hier in diesem Raum ist, und du fühlst dein Herz, wie es schlägt, den Raum, der um dich herum ist, und wie du dich ausdehnst, weiter und umfassender wirst. Du nimmst wahr, wie schon dieser Raum von dir vollkommen eingenommen wird, wie du dich in ihn hinein ausdehnst und ihn ganz und gar ausfüllst.

Und du fühlst, dass sich dein Herz noch mehr weiten will und sich über diesen Raum und die Menschen, die in ihm sind, weiter ausdehnen kann, und wie du dich über dieses Haus hinaus ausdehnst und über die Stadt, über das Land – und dann über den gesamten Kontinent. Und mit einem Mal kannst du fühlen, wie deine Ausdehnung so groß ist wie die Erde, dass alle Anteile von ihr mit dir in Schwingung sind und dein Herz so weit ist, so liebevoll, so unendlich groß, dass dieser Planet mit allen Wesen, mit allem Sein, mit Allem-was-ist, voll und ganz in deinen

Herzraum passt. Spüre die Resonanz mit dir selbst, deine Verbindung zu Mutter Erde, zu den Elementen: dem Wasser, das ständig kreist, dem Feuer, das den Kern dieses Planeten ausmacht, der Luft, die ihn umhüllt wie eine schützende zweite Haut, und der Erde, die als Schale und Nahrungsspender überall auf ihr existiert.

Spüre den Plan dieses Planeten, seine Liebe zum Leben selbst. Dieser Planet ist tatsächlich darauf angelegt, Leben zu ermöglichen, Leben hervorzubringen, Leben in vollkommener Liebe zu erschaffen, die Grundlagen dafür zu legen, dass Leben in Vollkommenheit und Liebe möglich ist.

Dann dehne dich noch weiter aus und fühle, wie dieser wunderschöne Planet, dieses Raumschiff Erde, um die Sonne kreist und sich immer wieder so dreht und wendet, dass alle Teile ihrer Oberfläche von der Sonne beschienen werden. Fühle diesen Tanz um die Sonne durch den Raum, dieses Schwingen, dieses Sich-Anziehen und Abstoßen, dieses Kreisen um die Mitte. Nimm wahr, wie du mit daran beteiligt bist und durch diesen Tanz um die Sonne auf der Erde die Lebensbedingungen so geschaffen sind, wie sie sind. Und dann fühle, wie die Strahlen der Sonne die Erde berühren, sie streicheln und ihr dabei helfen, den Wasserkreislauf in Gang zu halten, die Winde entstehen zu lassen, den Magnetismus zu beeinflussen, und wie sich in diesem Tanz zwischen Anziehung und Abstoßung viele Ebenen des Seins berühren.

Zu diesem Reigen des Tanzes gehören noch viele andere Brüder und Schwestern der Erde, die mit ihr um die Sonne kreisen. Fühle das Wirbeln all dieser Himmelskörper, das Fließen, das Weben, das Sich-gegenseitig-Anziehen und -Abstoßen, das Kreisen um dasselbe Zentrum.

Während du diese Bilder in dir wahrnimmst, bemerkst du, dass der Mittelpunkt dieses Systems – die Sonne, um die alles kreist – ihre Impulse bekommt und mit allen ihren Kindern um eine Zentralsonne kreist. Spüre die Unendlichkeit dieser Räume, die Weite, und die Impulse, die aus der Quelle allen Seins kommen, von der Sonne aufgenommen und an alle ihre Kinder weitergegeben werden, und dass auch du mit dem Planeten Erde, mit deiner Mutter Erde, daran beteiligt bist, daran Anteil hast, und auch du gemeint bist, wenn die universelle Strahlung der Zentralsonne in diesem System ankommt, in diesem Planetensystem um diese Sonne.

Nimm wahr, wie hier die Schöpfung durch die Unendlichkeit des Raums, des Weltraums, wirkt, bis in die kleinsten Ebenen hinein, und dass durch diese Strahlungen neue Schritte der Evolution, selbst in den entferntesten Bereichen der Galaxis, gemacht werden. Hinter dieser ganzen Planung stehen unendliche Kraft und Liebe, die alles durchströmen, die alles erhellen, alles im Wandel halten und durch die immer wieder neue Impulse gegeben werden.

Spüre, dass du ein Teil dieses Ganzen bist, spüre es ganz in dir. Lass es schwingen, lass es in dir Wahrheit werden. Du bist hier so gewollt, wie du jetzt bist. Genauso wie die Systeme der Planeten ihren Sinn und Zweck in dieser Schöpfung haben, bist auch du mit deinen Anteilen, mit einem Sinn und einem Zweck hier, um am Kreislauf der Lebensmöglichkeiten so teilzuhaben, wie es der jetzigen Bewusstseinsstufe entspricht, in der du agierst.

Und du wirst spüren, dass sich die Ebenen nach und nach verschieben, die Bewusstseinsanteile in dir sich so anheben, dass eine neue Ebene entsteht, aus der du einen deutlich besseren Überblick hast, aus der heraus du dieses Leben mit all seinen Facetten und Möglichkeiten neu anschauen und bewerten kannst. Und in diese Entwicklung hinein steuerst du mit deinem ganzen Sein. In diese Entwicklung des Höherschwingens, Weiterwerdens und Erkennens wirst du nach und nach mit deinem Bewusstsein eintreten, durch ein Tor gehen, dich höher schwingen lassen, dich einlassen auf neue Ebenen.

Und so wirst du mit deinem Sein in dieser Schöpfung deinen Anteil immer mehr erweitern. Fühle, dass du mit der Erde um die Sonne herum auf einem guten Weg bist. Fühle, dass sich auf dieser Erde nach und nach die Bedingungen so verändern werden, dass es für alle Wesen eine immer größere Möglichkeit geben wird, die eigene Entwicklung in höhere Schwingungen tatsächlich zu vollziehen. Du bist mit dabei, die Schöpfung neu zu erschaf-

fen, deinen Anteil an der Schöpfung neu zu definieren und durch deine Möglichkeit, schöpferisch tätig zu sein, neue Bereiche für dich selbst zu erschließen.

Für diese neuen Bereiche, für dieses Höherschwingen, stehen dir alle Wesen, die schon höher schwingen, gerne mit ihrer Hilfe zur Verfügung. Du bist hier angesprochen, um Hilfe zu bitten, wenn du nicht mehr weiterweißt. Du bist gefordert, tatsächlich einmal den Kopf etwas aus dem Nebel herauszustrecken, um Dinge zu sehen und zu erkennen, die vorher nicht zu sehen waren. Und du bist aufgefordert, die Begrenzungen, die du in dir fühlst, loszulassen und ihnen die Möglichkeit zu geben, sich zu entfernen. Jeder Schritt ist dein Schritt. Jede Entscheidung ist deine Entscheidung. Und für jeden Schritt und jede Entscheidung steht ein Engel neben deiner Seele und unterstützt dich jedes Mal und immer wieder, so lange, bis das Projekt Menschheit vollkommen in einer neuen Ebene schwingt und andere Aufgaben und Aspekte wahrnimmt als noch in der alten Schwingung.

Spüre auf diesem Weg all deinen Mut und all deine Kraft. Fühle die Gelassenheit deines Seins, die tiefe Liebe in deinem Herzen und die Erweiterung des Bewusstseins, die dadurch geschehen wird. Lass dich nun langsam wieder in deinen Körper und die Lebenswirklichkeit zurückkehren, aus der du in diese Meditation gegangen bist. Nimm dich auf allen Ebenen deines Seins wahr, auch die Veränderungen, die dir durch diese Reise offenbart *wurden. Sei ganz bei dir und spüre, dass du gleichzeitig immer mit allem verbunden sein kannst.*

ICH BIN Sanat Kumara.

Danksagung

Wir, die Kristallfamilie, sind eine ganz normale Familie und gleichzeitig eine Seelenfamilie mit einem gemeinsamen göttlichen Plan. Unser Sohn hat uns alle geweckt. Unsere Tochter, Mutter unserer zwei lichtvollen Enkelkinder, unterstützt unsere Arbeit ebenso wie unser ältester Sohn. Der jüngste Sohn und unser Schwiegersohn bereichern das Leben der Familie von Anfang an mit ihrer Kritik und ihrem „Alles infrage stellen". Die aktiveren Kinder haben sich aus der öffentlichen Lichtarbeit etwas zurückgezogen. So kam es dazu, dass wir, Karin und Gerold, mehr auf unsere gemeinsame Kraft gelenkt wurden und seit Juli 2011 die Channelabende und Seminare gemeinsam durchführen.

Mara Ordemann und Gaby Heuchemer vom Smaragd Verlag zeigten sich als wahre Engel; indem sie uns beide als Autoren vorschlugen und somit diese Entwicklung förderten. Vielen Dank!

Durch die Hilfe und den Austausch innerhalb der Kristallfamilie werden wir unterstützt, beraten und in allen Prozessen begleitet. Kleine Egospiele, Ängste oder Unsicherheiten werden immer schnell aufgedeckt. Jedes Mitglied der Familie hat hier seine Spezialität. Obwohl es zwischendurch auch sehr anstrengend ist, führt dieser Austausch zur ständigen Weiterentwicklung.

Die Aufgestiegenen Meister, insbesondere Sanat Kumara und Saint Germain, führen die Kristallfamilie seit 2008 liebevoll durch ihre Präsenz. Sie geben uns bei Bedarf immer den Überblick aus ihrer Sicht, sowohl in unserer Arbeit, als auch in unseren persönlichen Prozessen. Es gibt immer wieder Höhen und Tiefen wie bei allen anderen Menschen auch, und wir sind sehr glücklich, diese Arbeit tun zu dürfen.

Besonders danken möchten wir auch den Menschen aus unseren Gruppen und Seminaren, die mit ihren Energien, Themen und Fragen zur Entstehung der vielen verschiedenen Texte beigetragen haben, und Bärbel, dem Schreibengel, die immer dafür sorgt, dass die Bücher so schnell entstehen.

Karin und Gerold Voß

Kontakt

Gerold und Karin Voß / Kristallfamilie
Am Rodenkamp 29
31061 Alfeld/Leine
Tel.: 05181 / 900 956
e-mail: info@kristallfamilie.de

Wenn Sie Interesse an spirituellen Reisen, Seminaren, Einzelchannelings, Heilungen, Klärungen oder Meditationen haben, erhalten Sie ausführliche Informationen auf unserer Internetseite. Hier finden Sie weitere Botschaften zum Lesen, Hören und als Videos.

www.kristallfamilie.de

Karin & Gerold Voß
Sanat Kumara –
Die letzte Schwelle vor dem Aufstieg
Zukunftsausblick der Aufgestiegenen Meister
176 Seiten, A5, broschiert
ISBN 978-3-941363-69-4

Sanat Kumara, Hilarion, Saint Germain, Kuthumi, Sananda und Serapis Bey malen wunderschöne Bilder der zukünftigen Erde vor unserem geistigen Auge. Mit diesem Zukunftsausblick fällt es uns leicht, kraftvoll und mutig mit der Erde in den Wandel zu gehen.

Es werden viele verschiedene Themen angesprochen, zum Beispiel, wie wir wohnen und leben, wie unsere Nahrung sein wird, wie wir mit den Tieren in der Zukunft umgehen und wie sich die Partnerschaft und die Sexualität auf der Neuen Erde entwickelt.

Dazu gibt es von Sanat Kumara und den anderen Aufgestiegenen Meistern viele praktische Hinweise zum Aufstieg, in einer Sprache, die von Herz zu Herz geht und die liebevolle Energie fühlen lässt.

Sabine Skala
Leben in der Neuen Zeit
Verbindung zur Siebten Dimension
224 Seiten, A5, broschiert
ISBN 978-3-941363-83-0

Dieser spirituelle Reiseführer bietet ein großes Spektrum an Hilfen und Möglichkeiten, in die nächsthöhere Schwingung aufzusteigen und dort beständig zu leben. Vorschläge, wie wir eigenverantwortlich handeln, leben und unsere Umgebung in ihrer Energie stärken und heilen können, werden in dieser besonderen Phase des Aufstiegs durchgegeben. So erhalten wir wichtige Informationen, wie wir in unsere Macht zurückkommen, um frei und wahrhaftig zu leben.

Neue Zeremonien, wie die Lichttaufe eines Kindes, überbringen uns Beispiele, wie wir alte Riten in die Schwingung der Neuen Zeit transformieren können.

Mit vielen praktischen, energetischen und spirituellen Tipps für ein glückliches und erfülltes Leben in der Fünften Dimension und darüber hinaus.

Carolin Schade
Thoth & Mutter Erde
Pachamama – Einheit und Alles-was-ist
432 Seiten, A5, gebunden, mit Leseband
ISBN 978-3-941363-86-1

Viele Menschen haben heutzutage den Anspruch und den Druck, ihr eigenes Leben allgemein verstehen zu wollen. Den meisten fehlt es an Mut, nachhaltige Veränderung zuzulassen, da sie Angst haben, ihre gewohnten Strukturen und Sicherheitssysteme loszulassen.
Das Bewusstsein der Reintegration von Leben auf allen Bereichen des Seins steht im Vordergrund dieses Buches.Es gibt uns die Möglichkeit, energetisch (unterbewusst) und menschlich (bewusst) zu verstehen, da bereits Energiearbeit bewirkt wurde, die wir beim Lesen erfahren werden. So erhalten wir die Gewissheit, dass spirituelles Sein unsere Normalität bedeutet, wir begreifen die menschlichen Formen in Verbindung zu unserer energetischen Natur und dass sogenannte Wunder und Andersartigkeit ein Wegweiser in die Glückseligkeit des Seins unter dem Regime des Geistes sind.
Alles ist jederzeit verfügbar. Wir müssen nur wagen, diese uns meist vertrauten Aussagen in ihrer wahrhaftigen Form anzunehmen.

Leila Eleisa Ayach
Die Erbauer des Goldenen Zeitalters
Entstehung neuer Strukturen
112 Seiten, A5, broschiert, vierfarbig
ISBN 978-3-941363-87-8

Die Erbauer des Goldenen Zeitalters heißen Indigo-, Kristall- und Regenbogenkinder. Doch hier sind alle angesprochen, im Besonderen die Erwachsenen, unabhängig davon, ob sie Eltern sind oder nicht. Die Kinder, die auf die Strukturen des Goldenen Zeitalters ausgerichtet sind, tragen Wissen und Lösungen in sich und verkörpern alle Eigenschaften des göttlich erwachten Menschen auf Erden. Durch ihr Sein erinnern sie uns immer wieder an unsere ureigenen Fähigkeiten, die wir längst vergessen haben. Es geht um die Zukunft dieses Planeten und die Erschaffung von weltweitem Wohlstand und Fülle. Eine große Vision wird hier beschrieben, es ist ein Weckruf für eine ganze Generation.

Ingrid Theresia Bleier
Vom Inneren zum Göttlichen Kind
Praxisbuch zur Tiefenheilung
208 Seiten, A5, gebunden, mit Leseband
ISBN 978-3-941363-85-4

Wir wollen die Welt verändern? Die Elohim, die Schöpferengel Gottes, sagen uns, wo jeder von uns sofort ansetzen kann: bei sich selbst! Es ist die Entwicklung des Inneren Kindes zum Göttlichen Kind.
Die meisten von uns erleben durch Prägungen in der Kindheit in Form von Selbstwertthemen, Ängsten, Schuldgefühlen usw. als Erwachsene immer wieder gleiche oder ähnliche bremsende Situationen. Dieses Selbsthilfebuch bietet einen Weg der Heilung durch Auflösung und Erkenntnis.
Die Übermittlungen und Meditationen der Elohim machen die wertvolle Innere-Kind-Arbeit zur spirituellen Transformation in Liebe. Dabei geben uns die Engel alltagstaugliche Hilfe in Form von sieben leicht anzuwendenden Meditationen – entsprechend der sieben Altersstufen der kindlichen Entwicklung.
So gelingt es dem Leser, Schritt für Schritt seine persönlichen Kindheitsthemen auf den Punkt zu bringen, die sich im Hier und Jetzt störend zeigen. Der Erkenntnis folgt die Auflösung.

Peter K. Keller
Pilgerfahrt zu Gott
Engelbotschaften für den Alltag
208 Seiten, A5, broschiert
ISBN 978-3-941363-89-2

Unter den vielen Engelbüchern ist Peter Kellers Buch ein Novum. Es bietet uns die Möglichkeit, durch himmlische Lieder einen Zugang zu den Engeln zu finden. Diese Lieder beflügeln uns und tragen uns in Sphären, die dem Wort oft verschlossen bleiben.
In der westlichen Welt vergessen wir oft, dass die Praxis einer Lebensführungslehre notwendig ist, um heil durch das Labyrinth des Lebens zu finden.
Mit großer Liebe lehren uns die Engel die Spielregeln des Lebens, ohne die wir im Chaos enden würden. Schließlich erleben wir, dass jeder von uns berufen ist, ein Engel für die Heilung von Mensch und Erde zu sein.
Das Buch hat die Kraft, uns Menschen zum Licht und zur Liebe zu führen.